AF429279

Massimo Calabria

# MANIFESTO DELLO SLOW BUSINESS

*Il Business dal volto umano*

EDIZIONI WE

ISBN 979-12-80240-75-0

©2021 Edizioni WE di Nicola Bergamaschi
Via Paulli 10/A – 26015 – Soresina (CR)

www.clickpertutti.com
www.edizioniwe.com
www.facebook.com/edizioniwe
www.instagram.com/edizioniwe
info@edizioniwe.com

# PREFAZIONE
di Federico Tilola*

La parola business, per la maggior parte delle persone, è ancora legata ad un'accezione negativa; a volte capita che, anche alcuni professionisti, commercianti e artigiani cadano nella medesima trappola mentale. Parlare di business è sporco, ha un retrogusto di evasione fiscale, di mancanza di valori… insomma qualcosa da cui stare alla larga se sei una persona per bene.

Per noi invece che abbiamo delle attività, che non abbiamo una fine del mese garantita e che ci rimbocchiamo le maniche ogni giorno per creare posti di lavoro, prosperità e benessere mediante la libera impresa, parlare di business ha tutt'altra accezione. Per noi imprenditori è la forma più pura, cristallina e sensata di portare alla massima efficienza ed efficacia il nostro intelletto e le nostre potenzialità: per noi e per coloro che ci stanno attorno, lontano da ogni forma egoistica di guadagno fine a se stesso.

Quando Massimo mi ha chiesto di scrivere la prefazione per questo libro, ho accettato molto volentieri per 3 motivi.

Il primo motivo è la grande stima che nutro nei suoi confronti. Ci siamo conosciuti 8 anni fa, quasi per caso in occasione di alcuni meeting aziendali, ci siamo studiati a vicenda e confrontati, per comprendere subito che entrambi cercavamo qualcosa di meglio dalle nostre vite e che insieme potevamo costruirlo. Da lì abbiamo iniziato a lavorare su un nuovo progetto: C.R.E.A. (Costruzione Rete Espansione Affari) e nel 2017 siamo diventati soci, attraverso la costituzione di una srl. Negli anni, in Massimo ho avuto modo di apprezzare una sana curiosità, tenacia nelle difficoltà, pragmatismo e capacità di rimettersi in gioco costantemente.

Il secondo motivo riguarda invece la modalità scelta per comunicare i contenuti presenti in queste pagine. Forse non ve lo siete ancora chiesti, o magari l'oggetto che avete tra le mani vi ha ingannati. I fogli che stringete non sono un semplice libro, ma un testo che contiene al suo interno un manifesto: il "manifesto dello slow business". Cosa è un manifesto? Alcuni di noi ricorderanno da reminiscenze scolastiche alcuni celebri manifesti: il manifesto del futurismo, quello del partito comunista, solo per elencarne due dei più conosciuti. La forma del "manifesto" - prendo da Wikipedia - è: "una dichiarazione pubblica (in genere espressa in forma di opera letteraria o lettera aperta) che definisce ed espone i principi e gli obiettivi di un movimento culturale o artistico oppure di una corrente politica o religiosa, e di coloro che decidono di aderirvi"

In altre parole, una parte di questo libro, il manifesto appunto, non è tanto un punto di arrivo, ma un punto di partenza per una visione nuova e rivoluzionaria di concepire il business; una forma più adatta ai nostri tempi e al tessuto professionale e imprenditoriale del XXI secolo.

Il terzo motivo, ma non per importanza, è la tematica stessa: lo slow business. Come spiega molto bene Massimo nella premessa, la parola inglese slow viene normalmente tradotta in italiano con "lento", tuttavia nel testo la si vuole utilizzare nella sua accezione evocativa, ossia un'attività economica, imprenditoriale: calma, riflessiva, consapevole, ovvero compatibile con i ritmi di una vita armoniosa, sostenibile nel tempo e umanizzata. Pertanto, nello scorrere delle pagine, viene messa in luce la tesi fondamentale e allo stesso tempo paradossale dello slow business: la pratica di un business cal-

mo, riflessivo e consapevole - slow appunto - può portare più
velocemente al raggiungimento dei propri risultati e obiettivi
professionali e personali. Personalmente lo trovo un concetto
affascinante e ispirante al tempo stesso, per ogni imprenditore che vuole creare valore, lasciare un segno e non solo generare profitto fine a se stesso.

Nel periodo storico che stiamo attraversando - gli anni del
Covid - segnati da parole quali distanziamento sociale, isolamento, quarantena, epidemia, tutte parole che ci riportano
alla paura di incontrare gli altri, il nucleo centrale del libro
che si occupa delle relazioni, ci riporta al fulcro di ogni business sano: si può parlare veramente di business quando si è
in grado con la propria attività professionale di creare valore
per i propri clienti e creare valore per la propria attività; un
elemento senza l'altro non è sufficiente: se creo valore solo
per i clienti ho una onlus, se creo valore solo per la mia attività (a scapito dei clienti) ho una società a delinquere. Pertanto l'autore pone al centro dell'attenzione il valore fondamentale della relazione quale veicolo di condivisione, reciprocità, relazioni sane, valori edificanti e confronto, da con-
trapporre a dipendenza e manipolazione.

In poche pagine, Massimo è riuscito a comunicare tutto questo e ad offrire ad ogni imprenditore che lo desidererà un
nuovo paradigma di fare impresa. L'augurio, per ciascuno di
noi, è quello di raccogliere lo stimolo e insieme creare un
movimento (non politico) per offrire a questo paese la rina-
scita imprenditoriale di cui ha bisogno.

*Federico Tilola*

* *Consulente e imprenditore.*
*Fondatore e socio di Crea srl e amministratore di Reach srl*

# MANIFESTO DELLO SLOW BUSINESS

## IL BUSINESS DAL VOLTO UMANO

A Silvia e Andrea
Procedete sempre con il passo giusto
e sulla giusta via.


A Federico e Remo
Grazie a Voi, mi sento
sempre bene accompagnato!

# PREMESSA DELL'AUTORE


La parola inglese slow viene normalmente tradotta in italiano con l'aggettivo "lento" ma nell'uso corrente della lingua sono diversi i contesti in cui questa espressione può essere impiegata.

Qui la si vuole intendere nella sua accezione evocativa di termini ai quali la lentezza può rimandare, come calma, riflessione, consapevolezza, e di riflesso a un ritmo compatibile con una vita armoniosa, e quindi sostenibile nel tempo.

Anche il termine business può essere interpretato in vari significati, e qui faremo riferimento a quello più generico di "attività economica" intendendo per economica, in senso lato, qualsiasi attività imprenditoriale, professionale, tecnica, commerciale, culturale, formativa, artistica, artigianale, consulenziale o altro, comportante uno scambio economico.

# PERCHÉ QUESTO SCRITTO?

Capita a volte avvertire una sorta di diffidenza, quando non addirittura di avversione nei confronti del termine business. Probabilmente ciò è dovuto in parte una sorta di pregiudizio culturale, che colloca il concetto di business fra le attività vagamente immorali: "Questa cosa ormai è diventata un business", vogliono solo "fare business", "non mi interessa che diventi un business"...

Si percepisce pure una sorta di ostilità messa in atto da chi dovrebbe in teoria essere garante e regolatore della attività socio-economiche: enti fiscali, sindacati, e vari settori della pubblica amministrazione che sembrano avere come missione quella di boicottare qualunque progetto portato avanti da chi abbia intenzione di fare impresa.

Con l'avvento della globalizzazione poi, si è avviata la narrazione di un mondo diviso in due: da una parte gli avidi che pensano solo ai soldi, i ricchi che diventano sempre più ricchi, le multinazionali ciniche eccetera e, dall'altra parte, le vittime del "Sistema" che non possono reagire e, impotenti, sono destinate ingiustamente a soccombere.

Noi crediamo che esista una terza via.

È vero che ormai tutto è diventato mercato e che tutto è ormai considerato merce.

È diventata merce qualunque cosa prodotta dall'uomo, è diventato merce il lavoro - sia manuale che intellettuale - sono diventati merce persino i viaggi, l'arte e la cultura, tanto che si parla ormai da anni di industria culturale.

Qualcuno attribuisce a questi meccanismi di mercato il degrado morale, la crisi dei valori, l'individualismo, l'aridità dei rapporti umani e cosi via.

Ma facciamo una ipotesi: se il problema non fosse il mercato in se, ma - come sempre - il comportamento delle persone?

Quale è la definizione di "mercato"?

Convenzionalmente, il mercato è il luogo in cui si incontrano la domanda con l'offerta, e in cui si genera quindi uno scambio di valore economico.

Il linea di principio, cosa c'è di poco edificante in tutto questo?

Soggetti che esprimono dei bisogni o devono risolvere dei problemi incontrano altri soggetti in grado di proporre risposte o soluzioni, in cambio di un compenso concordato.

Questo è il mercato sano, questo è il modo in cui l'economia reale promuove da secoli sviluppo e progresso (almeno materiale) nel genere umano.

Il degrado è subentrato a causa di comportamenti orientati a trasformare il mercato in una lotta dove tutti combattono contro tutti, dove tutto è permesso in nome di un profitto fine a se stesso. Ma questo non è "il" mercato, questo è solo un modo di fare mercato: un modo che non ci piace.

Un altro modo di fare mercato è quello che mette al centro le persone, ciascuno con la sua unicità, i suoi interessi, le sue esperienze e le sue peculiarità, valorizzando le sinergie e le collaborazioni.

Un altro modo di fare mercato è quello che mette al centro le pari opportunità, il rispetto delle regole, la sostenibilità, la qualità della vita.

E allora fare business può assumere un fascino straordinario.

E se consideriamo come le relazioni sane fondate su valori virtuosi fra le persone possono essere messe al centro anche degli scambi economici, ecco come si può arrivare all'idea di slow business; ossia uno scambio etico e consapevole, generatore nel tempo di effetti positivi, a tutti i livelli.

Dovendo sintetizzare i presupposti alla base dell'idea di slow business, potremmo individuare tre parole chiave: risultati, qualità della vita, evoluzione.

Lo slow business quindi come una sorta di ritorno al futuro, perché se è vero che indietro non si torna - e indietro non vogliamo nemmeno tornare - è giusto pensare a come è possibile guardare avanti, non con gli occhiali rosa, dato che un certo ottimismo dell'"andrà tutto bene" è stucchevole e ingenuo, e nemmeno con gli occhiali grigi, che non favorisce certo l'atteggiamento giusto, ma con un bel paio di occhiali da vista, che ci permettano di essere consapevoli di cosa si può fare, di come, quando, dove possiamo farlo, e sopratutto, con chi vogliamo farlo.

Tutto ciò è stato sintetizzato in una dichiarazione di intenti denominata MANIFESTO DELLO SLOW BUSINESS.

Da questo scritto emergerà come, paradossalmente, la pratica dello slow business può portare, oltre che più eticamente, anche più velocemente al raggiungimento dei propri risultati e obiettivi, proprio come nella storia della tartaruga e la lepre, narrata sin dall'antichità.

# A CHI È RIVOLTO QUESTO SCRITTO?

Questo scritto è rivolto a coloro che lavorano, come si suol dire, "in proprio".

Questo scritto è rivolto anche a coloro che hanno deciso, o stanno per decidere, o stanno pensando, di volersi mettere in proprio.

A coloro, cioè, che hanno rinunciato o stanno per rinunciare all'idea di ottenere un salario o uno stipendio da operai, impiegati o da qualche altro ruolo da dipendenti, pubblici o privati, e quindi vogliono procurarsi un reddito mettendosi in gioco senza garanzie e senza tutele, scommettendo solo sulla propria capacità di offrire un prodotto, un servizio o una attività del quale qualcuno sia disposto a riconoscere, anche economicamente, il valore: hanno deciso quindi di trasformare la loro attività nel "loro" business.

È chiaro a chiunque che nel sistema economico in cui viviamo, qualunque attività imprenditoriale, professionale, commerciale, ma anche artistica, culturale o creativa, che non realizzi una differenza adeguata fra costi e ricavi, finirà con il risultare economicamente insostenibile, non potendo quindi che essere svolta come semplice passatempo, con risultati ovviamente parziali e marginali.

Trasformare una attività in un business è dunque l'unico modo per renderla economicamente sostenibile e con ciò poter investire tempo e risorse per migliorare professionalità, risultati, obiettivi.

Lavorare in proprio significa semplicemente questo.

Non significa, come vedremo bene, lavorare da soli. Anzi, tutt'altro.

Questo scritto dà anche per scontato che siano stati fatti tutti i passaggi che consentono di affrontare razionalmente i rischi che comporta offrirsi sul mercato: l'analisi, le risorse, il marketing, eccetera...

Diciamo che siamo al punto in cui quello che offriamo è ritenuto valido, utile o bello, soddisfa bisogni o risolve problemi, insomma: incontra una domanda e la soddisfa con un'offerta, quindi funziona.

Una volta raggiunta - attraverso le necessarie esperienze - questa ragionevole certezza, una buona parte della nostra giornata, diciamo dalla mattina alla sera, la dovremo dedicare alla nostra missione: offrire al mondo ciò che facciamo e ottenere in cambio un riconoscimento, generalmente sotto forma di denaro che poi potremo utilizzare come preferiamo.

A questo punto la domanda è: vale la pena di preoccuparci di come passeremo le nostre giornate, della qualità del tempo che trascorreremo con gli altri, di quanto questo influirà sulla qualità della nostra vita?

Se la risposta è SI, continuando a leggere potrete trovare alcune riflessioni utili.

Il queste pagine si parlerà infatti spesso del nostro tempo e del perché è importante decidere come impiegarlo e, soprattutto, a chi dedicarlo.

# L'IMPORTANZA DELLE RELAZIONI NEL LAVORO E NEL BUSINESS

Qualcuno afferma che per realizzare qualcosa di importante servono tre cose: una buona idea, le persone giuste e soldi. Ma se ci sono le prime due, i soldi non sono un problema.

Leggendo le biografie di personaggi che hanno raggiunto risultati straordinari è impressionante notare come spessissimo il fattore determinante sia stato "avere lavorato con le persone giuste".

Anche quando la visione fosse stata concepita da una sola mente geniale, capace di fervida e lungimirante immaginazione, nella pratica i risultati sono stati resi possibili dal sinergico incontro di soggetti coordinati e orientati verso uno scopo comune.

Chiamatela collaborazione, cooperazione, interazione o con quali altri termini facciano di volta in volta al caso. Ma alla base ci sta sempre e comunque una parola chiave: RELAZIONE.

Per sommare fra loro le competenze, le conoscenze, le informazioni necessarie per progettare, realizzare, costruire, non basta che coloro che le detengano entrino in contatto fra loro, è anche necessario che si creino le condizioni idonee al che lo scambio avvenga in modo efficace, efficiente, produttivo: le condizioni generate dalle buone relazioni.

Le buone relazioni vanno a loro volta generate e - ecco il punto – generare buone relazioni richiede tempo, e un atteggiamento necessariamente slow.

Chi ha esperienza afferma che chi vuol costruire relazioni le costruisce "nel tempo" non "quando ha tempo". È importante riflettere su questa semplice ma fondamentale indicazione.

La metafora ideale potrebbe essere quella dell'orto: chiunque sia interessato a coltivare personalmente la terra sa che le operazioni necessarie sono da svolgere con correttezza e continuità, e non si possono rimandare a "quando avrò tempo".

I tempi della terra, così come i tempi delle relazioni, non sono né comprimibili né differibili: richiedono di fare le cose giuste, al momento giusto, secondo i tempi necessari.

È altrettanto noto che, se coltivare il proprio campo richiede tempo e pazienza, al contrario per distruggerlo basta una tempesta, e per danneggiarlo degli apparentemente innocui bruchi.

Le relazioni, come l'orto vanno dunque curate e protette, pena l'insorgere di problemi che potrebbero vanificare tanto lavoro.

Naturalmente, chi ha la perseveranza di coltivare correttamente raccoglie poi il frutto del proprio impegno: verdura e ortaggi freschi, sani e nutrienti, ossia relazioni sane, autentiche e gratificanti.

Raccoglie quindi soddisfazioni di gran lunga superiori a chi invece si accontenta di prodotti confezionati e relazioni artificiose ed effimere.

Lasciando la metafora dell'orto, che - data la sua efficacia - riprenderemo più avanti, si consideri quanto sviluppare capacità di costruire relazioni e creare collaborazioni e sinergie nel mondo delle aziende, delle professioni, delle attività commerciali, creative e culturali sia diventato imprescindibile a causa di ciò che caratterizza - e caratterizzerà sempre di più in futuro - qualunque settore economico: la complessità e la multidisciplinarietà.

Facciamo un semplice esempio: solo qualche decennio fa non era infrequente il caso del tal geometra che nel suo piccolo studio progettava gli edifici che poi realizzava con la sua ditta artigiana per metterli direttamente in vendita.

Oggi lo stesso geometra riuscirebbe a malapena a operare come certificatore energetico, e chi volesse realizzare tetti dovrebbe avere una azienda specializzata per quella specifica parte di edificio.

Non vogliamo certo banalizzare il problema, ma semplicemente mettere in evidenza come qualunque iniziativa, attività o settore richiede ormai contributi di professionalità, qualifiche e capacità che non possono più essere esercitate da un solo, seppur valido, operatore.

Se poi si arriva a considerare come vengono studiati e realizzati i prodotti o i servizi più radicalmente innovativi, e quindi come vengono attivati i processi creativi e tecnologici più avanzati, si potrà addirittura scoprire come le nuove frontiere della ricerca abbiano superato il concetto di interdisciplinarità per sperimentare team cosiddetti "antidisciplinari": botanici al fianco di informatici e collaborazioni virtuose tra neurologi e fisici quantistici.

Siamo davvero ormai entrati in una nuova Era, in cui la trasversalità e le interazioni inedite apriranno scenari prima impensabili.

# LE RELAZIONI COME ALIMENTO

Alcuni maestri parlano di ciò di cui l'essere umano si alimenta.

L'aria, dicono, è il nostro alimento di base: senza aria moriremmo in pochi minuti. perciò è così importante respirare consapevolmente, e apprendere la scienza del respiro.

Pochi giorni senza acqua ci porterebbero alla morte, perciò è così importante assumere liquidi in modo adeguato, e con l' acqua ci si può anche curare.

Il cibo è altrettanto necessario, e nutrirsi con cibi sani e in quantità adeguata determina in gran parte la nostra salute.


Un altro fondamentale alimento sono le relazioni.

Qualsiasi essere umano privato di normali relazioni inizia ben presto a dare segni di squilibrio mentale e perdita di energia vitale. É cosa nota come i bambini non integrati in relazioni con altri esseri umani deperiscono rapidamente.

I dittatori sanno che per distruggere i loro nemici senza martirizzarli basta metterli in isolamento, che è considerato fra le peggiori torture, in grado di annichilire gli spiriti più vigorosi.

Nella letteratura e nel cinema sono frequenti le narrazioni riguardanti le conseguenze della solitudine e della mancanza di relazioni.

Addirittura la politica arriva a doversi occupare delle problematiche di una società sempre più alienante e individualista: in Gran Bretagna è stato istituito per la prima volta un "ministero per la solitudine".

Le relazioni costituiscono quindi un alimento fondamentale

per ciascuno di noi, che determina la salute del nostro spirito e dunque come ogni altro alimento va scelto con cura.

Si può respirare aria sana o malsana , così come si può
bere acqua pura o inquinata, e anche il cibo che mangiamo
che può essere genuino oppure tossico.

Per le relazioni vale lo stesso principio: nutrirsi di buone
relazioni, sane e nutrienti, porta benefici ad ogni livello
del nostro essere, mentre - al contrario – le relazioni mal-
sane e tossiche ci indeboliscono e ci deteriorano.

In definitiva, nella nostra pratica quotidiana, dalle nostre
relazioni dipendono in buona misura il nostro umore, i nostri risultati, e - in definitiva - la qualità della nostra vita.

Anche nel mondo del business quindi, riteniamo che valga
la pena di dedicare la giusta attenzione a questo fondamentale argomento?

# RELAZIONARSI EQUIVALE A CREARE UNA RELAZIONE?

Quella di relazionarsi è un'azione che due soggetti possono scegliere di compiere.

La relazione è una situazione che si può creare fra due soggetti che hanno iniziato a relazionarsi.

Relazionarsi è quindi un'azione che premette - pur non garantendola - la nascita di una relazione.

Chiariamo meglio queste affermazioni.

Si può relazionarsi senza che da ciò nasca una relazione?

La risposta è: si.

Esiste una relazione nella quale non ci si relazioni?

La risposta è: no.

Dunque, per avviare una relazione è essenziale relazionarsi.

Ciò non garantisce che una relazione nasca e si sviluppi, ma, ripetiamolo, relazionarsi è la premessa fondamentale e imprescindibile per la nascita di una relazione.

Banale? Forse. Ma forse no. Vediamo.

Una interazione fra due soggetti che siano in grado di comunicare, più o meno consapevolmente, determina l'atto del relazionarsi. Ricordiamoci questa parola: "comunicare", che può avere come sinonimo "esprimere" e come contrario "occultare".

Ricordiamoci anche di quest'altra parola: "consapevolmente", dato che ne ribadiremo l'importanza.

Relazionarsi è dunque l'atto di interazione fra soggetti dotati di capacità comunicative, più o meno evolute, più o meno esplicite. Da questa azione può derivare una modificazione dello stato emotivo fra i due soggetti, e se questo stato emotivo favorisce o rende necessario il prolungarsi della interazione, ecco che si può sviluppare una relazione, intesa nei vari modi che si possono considerare.

Allora l'azione di relazionarsi proseguirà fino a strutturare la relazione in tutte le sue manifestazioni, le quali condizioneranno l'azione del relazionarsi essendone a loro volta condizionate, in un flusso dinamico e complesso, che potrà portare a sviluppi che - proprio a causa della complessità intrinseca in ogni relazione - saranno per lo più incontrollati, almeno apparentemente.

Dunque le relazioni richiedono - per essere in qualche modo governate – di competenze in quelle che vengono definite abilità relazionali, che qui vogliamo intendere come quella ampia gamma di abilità e conoscenze che vanno dalla comunicazione interpersonale alla gestione dei conflitti, passando per l'intelligenza emotiva e la capacità di ascolto.

È importante considerare che queste competenze, di cui ciascuno può essere più o meno naturalmente dotato, possono essere da chiunque apprese sia mediante la acquisizione sia di conoscenze teoriche che di esperienza pratica.

# COME CI RELAZIONIAMO?

Abbiamo considerato come il primo passo necessario per avviare una relazione sia l'atto di relazionarsi.

Ai fini di questa trattazione, l'atto di relazionarsi è definito in sintesi come lo stabilire un contatto comunicativo tra due soggetti.

Una certa dose di consapevolezza è essenziale all'atto di relazionarsi.

In assenza di consapevolezza da parte di entrambi i soggetti, si può affermare che gli stessi possono essere entrati in contatto, senza però essersi relazionati.

Spieghiamoci meglio con un esempio: ammettiamo che due persone entrino in contatto in una situazione effimera e superficiale, come ad esempio un cliente che paga un caffè alla cassa di un bar ricevendo in cambio il relativo scontrino, oppure si incontrino in un ascensore trovandosi esattamente l'uno di fronte all'altro. Fintanto che entrambi non siano presenti con la coscienza a quel contatto, l'atto del relazionarsi non si potrà realizzare.

Anche se uno dei due ponesse attenzione alla presenza dell'altro, la sua sola coscienza non sarebbe sufficiente. Nel momento invece in cui entrambi saranno semplicemente consapevoli della presenza dell'altro inizieranno, magari involontariamente, a relazionarsi: inizieranno cioè a tenere conto della altrui presenza. Potranno magari tacere, magari nemmeno guardarsi, ma comunque il loro comportamento sarà reciprocamente condizionato.

Ciascuno assumerà un atteggiamento determinato da diversi fattori, i principali fra i quali: la sua personalità, il suo stato d'animo, e il comportamento dell'altro.

È proprio quest'ultimo fattore che caratterizza l'atto del relazionarsi: ciascuno è condizionato - non importa in che misura - dal comportamento dell'altro, mettendo in atto una serie di meccanismi comunicativi, più o meno espliciti, più o meno controllati. A questo punto il contatto è diventato consapevole da entrambe le parti, e i soggetti si stanno relazionando.

Il protrarsi di questo stato produrrà una progressiva modificazione delle condizioni in cui i soggetti si trovano.

Ben presto ciascuno inizierà a percepire dall'altro una serie di segnali, che verranno elaborati dalla mente, e inizierà a farsi un'idea soggettiva della persona che si trova davanti.

Ne emergerà un profilo dipendente dalle esperienze, emozioni e codici interiori di ciascuno, che probabilmente sarà collocato in una delle cornici a disposizione. A seconda della cornice nella quale questo profilo sarà collocato, la percezione dell'altro sarà definita: "ecco un bravo architetto" oppure "non mi sembra un ragazzo serio" o ancora "che personaggio simpatico..."

Potrebbe succedere che tale collocazione non sia possibile, a causa della mancanza - nel proprio repertorio mentale - di una cornice corrispondente. Ciò potrebbe provocare in alcuni casi uno stato di inquietudine, in altri di curiosità, in altri ancora di disagio, che si protrarrà fintanto che il profilo dell'altro non possa essere definito e/o collocato.

Qualcuno reagirà a questo stato cercando di raccogliere elementi utili per una miglior definizione, altri invece sottraendosi, magari semplicemente allontanandosi non appena possibile.

Relazionarsi è senza dubbio un atto impegnativo, che richiede di investire una certa energia mentale.

Qualcuno è disposto a farlo in più circostanze, altri solo quando è strettamente necessario.

In ogni caso relazionarsi offre un'opportunità e un rischio: l'opportunità di esplorazione in un territorio sconosciuto, il rischio di non riuscire a orientarsi.

L'esplorazione potrebbe portare in torbide paludi oppure in meravigliose praterie, in boschi incantevoli o in foreste intricate, in aridi deserti o in rigogliosi giardini.

Rinunciare all'esplorazione semplicemente non porta da nessuna parte, lasciandoci nel nostro territorio conosciuto ma limitato.

Verrebbe da dire che relazionarsi è un atto in cui gli esploratori sono favoriti, e che richiede volontà di scoperta e disponibilità all'avventura.

Vedremo come nella pratica dello slow business questa volontà e disponibilità risultano determinanti.

# LA RELAZIONE
## COME SITUAZIONE DI SCAMBIO

Eccoci al punto in cui possiamo entrare nel merito di ciò che caratterizza la situazione che abbiamo definito come relazione.

Quando l'atto del relazionarsi si estende adeguatamente, i soggetti coinvolti - oltre che essere reciprocamente condizionati - iniziano a scambiare qualcosa che potrebbe avere entità variabile e misure diverse.

Possibili oggetti dello scambio potrebbero essere attenzione, emozioni, risorse, informazioni, competenze, o qualsiasi altra cosa – materiale o immateriale - che sia nelle disponibilità di uno o di entrambi.

Qualcuno potrebbe obiettare che definire una relazione sulla base dello scambio che in essa si genera sia sintomo di una visione materialista dei rapporti umani, ma non è così. Lo scambio potrebbe non avere a che fare con alcunché di materiale, e addirittura limitarsi a uno scambio puramente sentimentale o addirittura spirituale.

Sebbene possa sembrare una affermazione cinica, le relazioni normalmente si mantengono vive e consistenti fintanto che sussiste uno scambio di tipo utilitaristico.

Dedicare tempo, risorse, competenze o qualsiasi altra cosa - materiale o immateriale - a qualcuno avrà sempre come contropartita una utilità per chi è disposto a farlo, a meno che non vi sia forzatura o addirittura costrizione.

Anche i più nobili gesti dei grandi personaggi che hanno dato esempio di altruismo apparentemente incondizionato, dai grandi filantropi alle più caritatevoli figure della Storia, devono aver ricevuto in cambio un'adeguata gratificazione che - come noto - qualcuno ottiene nel più alto sacrificio.

Per quanto ciò possa apparire paradossale, anche chi abbia sollevato il suo prossimo dalla sofferenza o dalla miseria, avrà ottenuto in cambio la possibilità di averlo fatto, traendone in definitiva la possibilità di realizzare un suo nobile intento, che ha trovato in questa opportunità il modo di concretizzarsi.

Probabilmente, nemmeno chi ha dato la propria vita per qualcun altro lo avrebbe fatto se in ciò non avesse trovato, in definitiva, una qualche forma di auto-realizzazione per sé.

La nostra natura umana ci guida costantemente verso ciò che ci edifica, ci gratifica, ci istruisce e comunque in qualche modo ci serve, magari anche facendoci soffrire.

E spesso ciò ci è fornito dagli altri, che ricercano a loro volta ciò che a loro è necessario, magari trovandolo in noi.

Ecco perché le relazioni sono indispensabili, ecco perché rappresentano un nutrimento vitale, irrinunciabile e necessario.


Naturalmente lo scambio che si genera in una relazione è quanto di più complesso si possa considerare.

Le variabili in gioco sono innumerevoli, imprevedibili e a volte addirittura incomprensibili.

Ciò vi consolerà nel caso in cui abbiate realizzato che cimentarvi nelle vostre relazioni vi impegna oltremodo, e che spesso non vi raccapezzate in ciò che accade. Direi che - se avete relazioni autentiche e genuine - siete da considerare persone perfettamente normali con relazioni assolutamente normali.

Potreste invece vivere relazioni che non vi impegnano granché e non vi creano problemi, nelle quali tutto si svolge in un clima di apparente semplicità.

Qui i casi potrebbero essere diversi: o la relazione è talmente collaudata da avere raggiunto un equilibrio maturo e una buona armonia (e probabilmente arrivare a ciò vi sarà costato qualche sforzo), oppure si tratta di una relazione superficiale, per voi poco interessante o semplicemente effimera.

Oppure le parti sono interessate a camuffare, occultare o sedare le problematiche, i disagi e le tensioni che le relazioni normalmente manifestano: ma in questo caso non si potrà parlare di relazioni autentiche e genuine.

Ricorreremo nuovamente alla metafora che ben si adatta a rappresentare questi concetti: coltivare le relazioni è come coltivare un orto.

Chi voglia cogliere i suoi frutti autentici e genuini coltiverà solo ortaggi di stagione, eviterà l'uso di sostanze chimiche e farà uso di concime naturale per rinvigorire il suo raccolto. Seminerà al momento giusto, irrigherà quando necessario, eliminerà le infestanti e dovrà impegnarsi a difendere il suo raccolto da insetti e parassiti.

Proteggerà le sue piante dalle intemperie e seguirà con attenzione amorevole gli sviluppi del suo campo, osservandone ogni cambiamento ed evoluzione, provvedendo a mettere tutori ove richiesto, effettuando qualche potatura e magari eliminando qualche ramo secco.

Tutto ciò richiederà passione ed esperienza, qualche lettura specialistica o il consiglio con qualcuno più esperto.

Chiunque può immaginare quali saranno i frutti di un lavoro così condotto.

In cosa consiste lo scambio? Lavoro, attenzione, dedizione per avere frutti gustosi e nutrienti.

Ci sarà chi preferisce impiegare antiparassitari e concimi

chimici per ridurre il duro lavoro manuale, o per ottenere maggiori quantità di prodotto: la qualità ne risentirà inevitabilmente.

Ci sarà chi dedicherà più tempo ad altri impegni, chi farà visita al suo orto solo sporadicamente lasciandolo in balìa di qualsiasi intrusione o della proliferazione di infestanti e parassiti, per poi magari lamentarsi dei danni che inspiegabilmente affiggono il suo campo e - chissà come mai - non quello del vicino.

Ci sarà chi, rifiutandosi di acquisire conoscenze e accettare consigli, procederà nella certezza di avere già capito tutto di come si coltiva un orto, avendolo visto una volta su internet. Naturalmente se i suoi risultati non saranno quelli attesi si tratterà solo di "sfortuna".

Le relazioni vanno dunque coltivate con cura, e lo scambio consiste nei frutti che saranno proporzionati all'impegno.

Difficile credere a chi afferma di coltivare un orto disinteressatamente, a meno che non vi sia forzato.


Lo scambio si mette in atto nelle relazioni anche in modo involontario, addirittura inconscio.

Le personalità di ciascuno entrano in gioco determinando le modalità di interazione, e ciascuno impone o subisce condizionamenti più o meno espliciti, più o meno deliberati.

È stata scoperta l'esistenza di neuroni, presenti anche negli animali, che impongono al cervello reazioni speculari agli stimoli a cui sottoposti: gli esempi più evidenti si possono facilmente notare quando qualcuno sorride o sbadiglia, suscitando nel suo interlocutore l'impulso a fare altrettanto. Da ciò il nome che è stato attribuito a questi neuroni, detti per l'appunto "neuroni specchio". Esperimenti rigorosi hanno dimostrato come questi entrano in funzione in molte circostanze e che l'uso consapevole di determinate tecniche consente di condizionare le fisiologia, lo stato d'animo, l'umore delle persone.

Lo scambio può quindi tradursi in molti casi in un condizionamento, o addirittura nella manipolazione. Un soggetto dominante potrà sottomettere un carattere debole, il quale assumerà dunque il ruolo di dominato: lo scambio assume così una forma asimmetrica. Questa asimmetria potrebbe essere coerente con i ruoli che i soggetti coinvolti tendono normalmente ad assumere, oppure no. Uno scambio asimmetrico rischia di generare tensioni che se non vengono risolte possono sfociare in reazioni incontrollate con conseguenze imprevedibili. Riparleremo di questo.

Frequenti sono però i casi in cui relazioni che appaiono fondate su un rapporto di scambio che a noi sembrerebbe tanto sbilanciato da risultare inaccettabile, durano nel tempo e sembrano addirittura funzionare egregiamente: si tratta probabilmente di rapporti di complementarietà.

In ogni caso, considerando come all'interno di qualsiasi relazione si generi inevitabilmente uno scambio anche emotivo, è necessario essere consapevoli dell'importanza di assumere in ogni circostanza il giusto atteggiamento, e di tenere il miglior comportamento possibile.

Tenendo conto dell'influenza reciproca che si determina nello scambio relazionale, ciascuno deve prendere coscienza di quanto grande sia quella che possiamo definire come una vera e propria responsabilità sociale, ossia responsabilità verso il contesto di relazioni entro il quale ci troviamo di volta in volta ad agire.

Tutti abbiamo esperienza di quali reazioni suscita in un ambito armonioso e collaborativo l'intrusione di un soggetto diffidente e scontroso, così come - al contrario - in una situazione di tensione e criticità, un contributo positivo può essere determinato da qualcuno che assuma per primo un atteggiamento edificante e bendisposto.

Una espressione ombrosa e corrucciata genera inquietudine e malessere, mentre un sorriso e una accoglienza aperta e disponibile possono cambiare in meglio l'umore del nostro prossimo.

Naturalmente la prima responsabilità è nei confronti di noi stessi: abbiamo non solo il diritto ma, a questo punto, il preciso dovere di coltivare sane abitudini e le qualità che ci rendano persone migliori, in grado di contribuire a migliorare con il nostro comportamento le nostre relazioni e con esse le persone coinvolte.

Qualcuno ha scritto in una simpatica vignetta: "amo le persone felici, perchè non rompono le scatole".

Ciascuno quindi rifletta su quanto dedicarsi a migliorare il proprio benessere emotivo diventa non solo un favore a se stessi, ma anche un favore per chi ci circonda.

E rifletta anche sul proprio diritto ad evitare di rapportarsi coloro che, al contrario, non intendono investire con l'impegno necessario sul miglioramento di se stessi, finendo inevitabilmente con lo scaricare anche sugli altri le conseguenze del proprio malessere.

# COME SI CREA UNA RELAZIONE?

Come abbiamo già considerato, ogni relazione ha inizio con l'atto del relazionarsi.

Non è detto che ogni volta che ci si relaziona con qualcuno l'esito sia il crearsi di una relazione.

Il momento in cui si inizia l'atto del relazionarsi è quello in cui due soggetti entrano in contatto fra loro scambiandosi segnali comunicativi.

Il primo contatto può avvenire nelle circostanze più svariate, dalle più imprevedibili alle più formali, dalle più piacevoli alle più imbarazzanti. Il contesto in cui avviene il primo contatto può condizionare a lungo la relazione, in quanto è qui che questa subisce quello che può essere definito un vero e proprio imprinting, che può essere positivo o negativo.

Un modo molto frequente per iniziare a relazionarsi è quello di presentarsi (rendersi presenti), pertanto a questo momento dovrebbe essere dedicata una grande attenzione, ma purtroppo non tutti sembrano essere consapevoli di quanto presentarsi in modo corretto sia importante e trascurano di farlo o lo fanno distrattamente e senza tenere conto di ciò che stanno comunicando. Chi preferisce la spontaneità potrà risultare magari più genuino, e questo a volte è apprezzabile, ma qui vogliamo però spostare la nostra attenzione su un comportamento più consapevole e valorizzare le competenze relazionali, la cui acquisizione riteniamo fondamentale, anche per evitare - al contrario - l'assunzione di atteggiamenti stucchevoli e affettati, che risultano normalmente sgraditi e controproducenti.

Una cattiva presentazione potrebbe compromettere l'inizio di una relazione, o nel migliore dei casi non favorirlo, mentre - al contrario - una buona impressione può essere favorita da una buona presentazione

Presentarsi dunque è un'arte; saperlo fare nelle più svariate circostanze può costituire un grande vantaggio nella creazione di relazioni. Vale la pena di dedicare qualche riflessione a questa pratica, che come ogni altra può essere migliorata con l'esperienza. Presentarsi - dicevamo - significa rendersi presenti, ossia edificare di noi una immagine che ci corrisponda, o che comunque vogliamo che sia percepita.

Determinante è il tempo che si ha a disposizione, che può andare dai pochi secondi a qualche ora, e saper comunque decidere quello che si vuole dire è determinante.

Ecco quindi il primo punto da considerare: cosa vogliamo comunicare di noi quando ci presentiamo? Quale idea riteniamo corretto si imprima nella mente del nostro interlocutore?

Fra gli errori che si possono commettere ne mettiamo in evidenza due, uguali e contrari: quello di mortificarci per eccesso di modestia e quello di mistificarci per eccesso di autoesaltazione.

Un atteggiamento corretto è quello di mettere in luce gli aspetti che di noi riteniamo migliori, le nostre qualità più autentiche, le nostre doti più apprezzate, perché ciò significa valorizzare giustamente la nostra persona.

Naturalmente ciò andrà fatto con umiltà ma senza falsa modestia, facendo riferimento a risultati che abbiamo ottenuto, alle cose di cui possiamo essere orgogliosi, ai sani valori che sappiamo effettivamente mettere in pratica.

Non ci illuderemo che nel corso di una relazione non possano emergere anche i nostri inevitabili lati oscuri, ma che senso avrebbe metterli noi stessi in evidenza mentre ci presentiamo a uno sconosciuto?

Tutto ciò può sembrare banale e scontato, ma considerate quante persone ignorano nella loro presentazione queste semplici modalità.

Ciò dipende dal fatto che normalmente non dedichiamo tempo alla costruzione della nostra presentazione, trascurando un momento così importante per le relazioni.

Un indubbio vantaggio consiste nel presentarsi dopo che l'altro lo ha fatto per primo, in quanto in questo modo è possibile calibrare - oltre che sul tempo disponibile - anche sul soggetto al quale ci stiamo rivolgendo la nostra comunicazione. Comprendere chi abbiamo davanti ci consente di stabilire quali siano le sue modalità comunicative, i suoi argomenti più familiari, i suoi interessi, le sue passioni, le sue conoscenze.

Presentarci a una persona dopo che siamo riusciti a tratteggiare quello che possiamo definire "il suo mondo" ci permetterà di arrivare a toccare le sue corde più sensibili, nel modo più adeguato, suscitando più facilmente interesse e apertura.

Sarà anche possibile entrare più facilmente in empatia.

La parola empatia - traducibile come capacità di sentire ciò che l'altro sente - è molto utilizzata da quando si sono riconosciuti i vantaggi che derivano dallo stabilire un contatto che ponga alla base una sorta di sentimento comune, di intesa epidermica. I soggetti che percepiscono questa sensazione si relazionano con più facilità e si predispongono alla fiducia e all'ascolto.

Al contrario avere la sensazione di non essere compresi o di non comprendere chi abbiamo davanti crea distanza e chiusura, può generare diffidenza - al limite - rifiuto.

In sintesi: un modo efficace di stabilire un primo contatto è quello di interessarsi dapprima all'altro, cercando di comprenderne la personalità e il comportamento, dopodiché presentarsi - mettendo in luce con discrezione i nostri aspetti positivi - tenendo conto di ciò che ci accomuna, valorizzando ciò che di buono abbiamo percepito, rimarcando interessi ed esperienze comuni.
Quando l'atto del relazionarsi si protrae generando uno scambio significativo, allora può nascere una vera e propria relazione, dalla quale ciascuno potrà ricevere e donare qualcosa di materiale o immateriale.
Il valore di questa relazione sarà naturalmente stabilito soggettivamente e l'importanza di essa varierà anche in funzione del momento e del punto di vista dal quale viene considerata.

# COME SI MANTIENE UNA RELAZIONE?

Innanzitutto si deve essere consapevoli che mantenere viva una relazione richiede volontà e impegno, e che da questo dipende ciò che la stessa produrrà o non produrrà, ossia la quantità e qualità dello scambio generato.

Volontà e impegno sono però requisiti necessari, ma non sufficienti.

A seconda del tipo di rapporto di cui si tratta, occorrono altri ingredienti, che possono di volta in volta rivelarsi indispensabili.

Abbiamo già considerato l'importanza di quelle che vengono definite competenze relazionali, e di come queste competenze in qualcuno sono più sviluppate che in altri, vuoi per indole, vuoi per esperienza, e anche di come queste competenze possano essere da chiunque apprese, sviluppate e migliorate.

Qualcuno più introverso sarà magari più orientato a consolidare una relazione, in quanto più costante nella frequentazione di poche persone alle quali dedicare più tempo. Magari però le sue relazioni potrebbero logorarsi a causa di una difficoltà nell'esprimersi apertamente e a reprimere le sue emozioni in caso di conflitto.

Altri magari avranno più facilità nell'approccio con le persone, con le quali sapranno anche esprimersi con schiettezza, mentre le problematiche deriveranno magari dalla loro incoerenza che le rende inaffidabili.

Altri ancora non riusciranno a comprendere l'importanza di ricambiare adeguatamente ciò che ricevono, minando così relazioni anche importanti.

In definitiva, mantenere una relazione richiede una alchimia di ingredienti da dosare opportunamente.
Possiamo qui considerarne alcuni fra quelli ritenuti essenziali.

Alcune relazioni hanno basi talmente consolidate da mantenersi ormai per inerzia, senza che siano presenti presupposti ai quali in altri casi non si potrebbe rinunciare.
Pensiamo a vecchi coniugi ormai talmente in simbiosi che niente sembra più poter mettere in discussione il loro legame.
Lo stesso potrebbe succedere fra altri membri di una famiglia, oppure con un vecchio amico, con cui possiamo rimanere una serata a parlare di niente, e del quale siamo disposti a comprendere, ad accettare a sopportare determinati comportamenti.
In questi casi l'ingrediente predominante potrebbe essere quello dell'abitudine: si è così abituati l'uno all'altro da accettare qualsiasi condizione di convivenza, e da trarre piacere, conforto, oppure sollievo o sicurezza, dalla semplice presenza dell'altro.

Al di fuori di questi o altri simili casi, un presupposto molto importante per il mantenimento di una relazione è quello della coerenza.
Mantenere un comportamento coerente crea nel tempo l'idea di poter ragionevolmente prevedere ciò che in una determinata situazione diremo o faremo, e ciò infonde nel prossimo una certa sicurezza e stabilità.
Le persone coerenti semplificano la relazione, e la conducono verso la costruzione di un altro ingrediente fondamentale per la stabilizzazione delle relazioni: la fiducia.
Paradossalmente la coerenza è apprezzabile anche quando

si traduce in comportamenti per noi penalizzanti o addirittura non approvati.

Facciamo l'esempio di un cliente considerato affidabile, che ci preavvisi delle conseguenze che comporterebbe il mancato mantenimento degli impegni da noi presi. Nel caso in cui noi risultassimo inadempienti nei suoi confronti, la coerenza da parte del cliente nel mettere in pratica ciò che aveva dichiarato, seppur per noi penalizzante, consoliderà la nostra considerazione della serietà del soggetto. Allo stesso modo, un sindaco che metta coerentemente in pratica un programma amministrativo da noi non condiviso sarà comunque anche da noi considerato un soggetto affidabile, seppur magari non apprezzato.

Al contrario, se negli esempi di cui sopra i soggetti di fossero comportati in modo incoerente con le loro affermazioni, la loro immagine sarebbe risultata anche ai nostri occhi di scarsa affidabilità.

In definitiva, chiunque apprezza in una persona un comportamento coerente, che si traduce in fare ciò che si dice, o comunque nel comportarsi in modo allineato a ciò che si afferma o si esprime. Le persone incoerenti, al contrario, suscitano diffidenza o quantomeno mettono in allerta.

La coerenza è dunque alla base della acquisizione della fiducia da chi ci apprezza ma anche del rispetto di chi ci osteggia.

Una persona affidabile e coerente può quindi più facilmente contare su relazioni stabili.


Si considera naturalmente anche l'eventualità che una determinata relazione non abbia ormai più alcun senso, e che quindi non meriti più nessuno sforzo per essere mantenuta.

Questo si verificherà quando nessuno scambio avvenga fra

i soggetti coinvolti e nessun valore, materiale o immateriale, affettivo o spirituale, sia ormai più generato.

Oppure, al limite, che la relazione sia da considerarsi dannosa per una o per entrambe le parti.

Fatte le opportune valutazioni, il problema a questo punto non sarà più come mantenere la relazione ma come - nelle modalità adeguate – sospenderla o addirittura concluderla.

# SOGGETTIVITÀ DELLE RELAZIONI:
# IO, TU, NOI, LORO

Quante volte ti è successo di percepire che, dopo che hai avuto un problema con una persona, un'altra persona a questa vicina cambia il suo atteggiamento nei tuoi confronti?

Hai una discussione con un tuo collega ed ecco che anche suo fratello ti guarda di traverso, benché lui non sia minimamente coinvolto.

Ti scontri con il tuo cliente e dal giorno dopo sua moglie sembra avercela con te.

Naturalmente noi stessi possiamo cadere nello stesso tipo di reazioni: il mio socio mi fa un torto e rischio di andarmela a prendere indirettamente con sua sorella.

La capacità di mantenere distinti i rapporti e percepire con oggettività le dinamiche relazionali fra individui richiede lucidità ed equilibrio.

È abbastanza naturale collocare noi stessi e gli altri all'interno di "clan" più o meno formali, più o meno estesi, ai quali ciascuno - consapevolmente o no - tende ad associarsi o a venire associato.

Ecco quindi che, quando si crea una frattura fra due soggetti, è possibile che le conseguenze si estendano ai componenti del clan.

In alcuni casi ciò è considerato addirittura doveroso, ad esempio quando all'interno di un gruppo sono in vigore regole ferree di solidarietà o un esplicito codice d'onore: non sarebbe possibile fare torto a un membro della camorra senza trovarsi contro l'intera cosca.

Quello che qui ci interessa considerare è come - nella quotidianità ordinaria - si rischia di assumere atteggiamenti ingiustificati, frutto di condizionamenti e distorsioni nella percezione delle relazioni.

Se è normale associare a chiunque una rete di contatti e frequentazioni, da quelle più vicine a quelle più occasionali, trasferire l'identità di qualcuno confondendola con quella di un altro - seppure a lui legato - è senza dubbio un errore.
Dovrei poter litigare con mio padre senza poi provare, per il semplice motivo che è sua moglie (e dunque, implicitamente, sua... alleata!), rancore nei confronti di mia madre.
Così come non vi è motivo che mia madre sia risentita con me perché ho contrariato mio padre, sebbene si tratti di suo marito.

È importante comprendere che ogni relazione è fondamentalmente soggettiva, e che ognuno mette in atto il suo sé profondo nel rapporto con un altro, innescando dinamiche particolari, che non possono essere - da chi le vede dal di fuori - pienamente comprese e tanto meno giudicate.
Ciò ci dà il diritto-dovere di evitare interferenze non richieste e di non esprimerci o prendere posizione quando non siamo direttamente coinvolti o chiamati in causa.
Fare diversamente comporta il rischio di generare conseguenze a catena e far dilagare effetti che potrebbero amplificarsi fino a provocare sviluppi imprevedibili e magari indesiderati.
Un atteggiamento saggio dovrebbe essere quindi quello di lasciare che ciascuno si assuma le sue responsabilità dirette nei confronti di un altro, senza che chi appartiene alle relative cerchie di relazioni si debba sentire coinvolto.
A meno che - ovviamente - non ci sia una esplicita richiesta di intercedere: in tal caso sarà possibile esprimersi e

magari prendere posizione o addirittura assumere un ruolo attivo di interposizione fra i soggetti.

Al di la di questi casi sarebbe bene, come dice un vecchio proverbio, lasciare che ciascuno faccia da sé.

- 37 -

# PRINCIPI E VALORI

È stato in vari studi considerato come il nostro comportamento sia orientato da una serie di fattori endogeni (generati all'interno di noi stessi) ed esogeni (mutuati da ciò che si trova all'esterno).

È esperienza comune quella di intuire l'esistenza di una sorta di regole non scritte ma universalmente valide indipendentemente da tutto e da tutti.

Possiamo definire queste regole "principi universali" e si consideri che questi sono, per così dire, vigenti in ogni momento e in ogni luogo, che noi ne siamo consapevoli o no.

Per capirci meglio facciamo l'esempio della forza di gravità: In ogni luogo e in ogni tempo un oggetto dotato di massa viene attratto verso il centro della terra da una forza proporzionale alla sua stessa massa.

Magari un aborigeno o un pigmeo non saranno in grado di spiegare scientificamente questo fenomeno, ma la legge varrà per loro altrettanto che per Isaac Newton che ne determinò le basi teoriche.

La differenza in cosa consiste? Consiste nel fatto che avere compreso questo principio ci ha permesso di utilizzarlo a nostro immenso vantaggio: si consideri infatti quali enormi progressi sono stati fatti nel campo della statica e della dinamica e quindi dell'ingegneria dal momento in cui siamo stati in grado di misurare l'accelerazione di gravità e tutti i fenomeni connessi.

Orbene: anche nel campo delle relazioni personali esistono principi universali che sono validi a prescindere, che noi ne siamo consapevoli o no. Prenderne coscienza potrà portarci vantaggi enormi, mentre al contrario agire nell'inconsapevolezza di questi ci penalizzerà inevitabilmente.

Come sempre la comprensione concettuale dei principi sarà solo il primo passo, mentre solo farne esperienza concreta ci permetterà di assimilarli e interiorizzarli.

Come nel caso di Newton, fare esperienza dei principi potrebbe non essere affatto piacevole, ma starà a noi trasformare ciò che sperimentiamo per ricavarne utilità e vantaggi. Una mela caduta sulla testa, per qualcuno sarebbe stato solo un motivo di imprecazioni, per un altro è stato l'avvio di una ricerca che ha portato a scoperte di eccezionale portata.

Quello che è certo è che, indipendentemente dalla nostra volontà, se noi sapremo agire in conformità ai principi universali la nostra azione sarà conseguentemente armonica e le conseguenze virtuose.

Al contrario subiremo invariabilmente effetti negativi e problematiche ricorrenti.

Pensiamo a cosa succederebbe se qualcuno si ostinasse nel voler realizzare un edificio non tenendo conto nei suoi calcoli del peso delle strutture e dei carichi che queste dovranno sostenere.

I risultati sarebbero crolli e macerie da rimuovere, il cui peso sarebbe indipendente dalla volontà di tenere o meno conto del principio di gravità.

Alcuni principi sono espressi in una sorta di forma dogmatica dovuta alla evidenza con la quale si pongono alla esperienza di chiunque.

Prendiamo ad esempio il celeberrimo principio edonistico, conclamato in sociologia ed economia, ma a ben vedere valido in tutti in campi della natura, secondo il quale gli esseri umani (io estenderei il soggetto a tutti gli esseri viventi, non solo del mondo animale) tendono a comportarsi in modo da ottenere il massimo vantaggio mediante il minimo impiego di risorse.

Non tutti i principi universali sono però così noti o evidenti, e crediamo che ciascuno nel suo percorso evolutivo potrà approdare a nuove scoperte e rivelazioni in tutti i campi, ivi compreso quello del comportamento individuale e sociale, delle relazioni e dei rapporti interpersonali.
Qualcuno ritiene che il modo migliore per scoprirli e comprenderli sia porre massima attenzione a ciò che affiora nella nostra coscienza profonda, la cui voce in alcuni casi potrebbe giungerci proprio come quella del grillo parlante.
Altri ritengono che questi principi siano celati nella saggezza popolare che a volte si traduce nella sintesi di massime e proverbi. Possiamo ricordarne qui qualcuno, per considerare quanto nella nostra esperienza possiamo confermarne o meno la validità e la verità.
Per esempio, quale principio potrebbe celarsi nel detto "quel che si semina si raccoglie"?
Oppure "chi va con lo zoppo impara a zoppicare"?
O ancora "l'unione fa la forza"?
Come sempre, l'esperienza diretta e la consapevolezza si riveleranno illuminanti permettendoci di realizzare quanto si cela nella realtà.

Ognuno potrà sperimentare liberamente e acquisire la propria esperienza, ma ciò che crediamo sia davvero importante considerare è, in estrema sintesi, questo: agire al di fuori dei principi universali è come non tenere conto della forza di gravità, e le conseguenze ci riporteranno sempre a una realtà con la quale possiamo essere più meno in armonia ma la cui forza è predominante su qualunque nostra intenzione o convinzione.

Qualcuno ha affermato che se tra una nostra visione e la realtà si apre un conflitto, non sarà certo la realtà a soccombere.

Al contrario, quanto più - dopo averli compresi - ci allineeremo ai principi universali, tanto più le conseguenze saranno virtuose e ci condurranno verso una vita armoniosa.

Potrebbe essere che qualche fatto, accadimento o circostanza sembri contraddire i principi?

Certamente: ad esempio si potrebbero magari ottenere benefici da imbrogli o menzogne, oppure avvantaggiarsi dalla frequentazione di soggetti notoriamente ambigui o poco raccomandabili, e quindi si potrebbero avere vantaggi nell'immediato, seppure contraddicendo i principi universali. Quello che è certo è che nel lungo periodo i principi affermeranno inevitabilmente la loro efficacia e che quindi infine non ci sarà possibilità di sottrarsi ad essi.

# DUE PRINCIPI FONDAMENTALI: CONDIVISIONE E RECIPROCITÀ

Fra i principi portanti delle relazioni nella pratica dello slow business, vogliamo qui riportarne due che sono da considerarsi imprescindibili.

Il primo è il Principio di Condivisione.

Supponiamo che vogliate donare a qualcuno un oggetto qualsiasi, ad esempio il libro che tenete fra le mani. Nel momento in cui ve ne priviate non potreste più usufruirne.

Ciò è dovuto al fatto che un oggetto materiale non è veramente condivisibile, almeno simultaneamente. Anche nella frase "condividere un pasto" è implicito il fatto che ciascuno non potrà che consumare la sua parte, e che quindi il pasto nella realtà andrà suddiviso.

Facendo un altro esempio, è possibile cedere a qualcuno una penna che stiamo usando per scrivere, ma nel momento in cui un altro ne è in possesso non ne possiamo disporre.

Questo non ha però impedito di mettere in pratica molti progetti che si fondano sulla possibilità di utilizzare beni e/o servizi da parte di più utenti, ottimizzando i costi: si pensi per esempio al car sharing o alla pratica di utilizzare a turno spazi lavorativi e altre innumerevoli iniziative che costituiscono il mondo in espansione della sharing-economy.

Ciò che è invece realmente possibile condividere è ciò che è immateriale, come per esempio le idee, le conoscenze le informazioni.

Poniamo di essere venuti a conoscenza della data di un evento che si svolgerà in una certa località; passando questa informazione a qualcun altro, noi ne rimarremo comunque in pieno possesso e ne potremo usufruire, al pari della persona a cui l'abbiamo passata.

Lo stesso dicasi di qualsiasi nuova idea, o conoscenza.

Insegnare una nuova ricetta a dieci, cento, mille persone permetterà semplicemente a tanti di cucinare un piatto prelibato, e non impedirà a chi l'ha insegnata di continuare a sua volta a farlo, anche se non sarà possibile utilizzare proprio gli stessi pomodori, che possono essere invece consumati una volta soltanto.

Nel mondo del lavoro e del business è stato dimostrato come un fattore fondamentale di crescita e miglioramento sia la condivisione di contatti e referenze.

Il modo in cui ancora oggi soprattutto le cosiddette PMI (Piccole Medie Imprese), che costituiscono la struttura portante dell'economia di intere nazioni, trovano nuovi clienti, assumono collaboratori, scelgono i propri fornitori, si fonda sul cosiddetto "passaparola". Lo stesso vale per qualsiasi settore o professione, in campo produttivo, consulenziale, artistico o altro.

Io conosco un bravo elettricista, e te lo presento: adesso entrambi conosciamo un bravo elettricista, o un buon ristorante, o un commercialista onesto.

Non c'è molto da aggiungere in quanto questo semplicissimo principio è immediatamente intuibile da chiunque e nella pratica rappresenta esperienza comune di ciascuno.

Quello che forse vale la pena di ricordare è che la propagazione del passaparola, basato sul principio di condivisione, avviene in modo esponenziale, ossia mediante una funzione matematica che espande i numeri con velocità impressionante.

Per dimostrare la nota affermazione secondo la quale ognuno potrebbe idealmente raggiungere - per intercessione personale - un qualunque altro essere umano sul pianeta (dall'aborigeno al presidente dell' ONU), contando solo sei gradi di separazione, basta infatti considerare alcuni banali dati: ponendo che mediamente ciascuno sia in contatto diretto con almeno cinquanta persone, elevando il numero cinquanta alla sesta potenza si ottiene un numero pari all'incirca al doppio della popolazione mondiale.

Gli studi che hanno analizzato le modalità di sviluppo dei cosiddetti "distretti", industriali, tecnologici o relativi ad altri ambiti non solo produttivi, hanno avuto come presupposto comune la propagazione ed evoluzione di pratiche che si sono reciprocamente contaminate positivamente generando un innalzamento della qualità e dei risultati ottenuti.
Se un tempo l'ambito di sviluppo di un distretto era normalmente un determinato territorio, oggi le tecnologie informatiche hanno smaterializzato molti dei componenti necessari per la propagazione dei fattori di crescita, e i distretti possono anche comprendere componenti dislocate a livello globale.
Si potrebbe continuare nella trattazione di innumerevoli ramificazioni a cui il principio di condivisione conduce, ma il nostro intento è semplicemente quello di mettere qui in evidenza alcuni degli aspetti rilevanti.
Il secondo fondamentale principio a cui è importante fare qui riferimento è il cosiddetto Principio di Reciprocità, quale fondamento della Psicologia della Reciprocità.
Una enunciazione sintetica di tale principio potrebbe essere la seguente: ogni qualvolta un essere umano riceve qualcosa da qualcuno, si genera un desiderio di corrispondere o ricambiare, in eguale o maggiore misura.
Ciò probabilmente è dovuto a un senso di inferiorità o di

essere in difetto che è generato in chiunque dal sentirsi in debito nei confronti del prossimo.

Gli studi hanno dimostrato che questo Principio è trasversale a tutte le culture e alle popolazioni, pur variando in intensità ed espressione pratica.

Citeremo un celeberrimo esperimento ripetuto innumerevoli volte ha dato invariabilmente lo stesso esito finale.

L'esperimento consiste nel fare in modo che, durante un'ordinaria visita guidata in un museo, uno dei partecipanti al gruppo in visita - che chiameremo il signor M. - offra, in modo inaspettato, ad un altro membro del gruppo - che chiameremo il signor G. - una semplice bibita, che il destinatario normalmente accetta come una piacevole sorpresa, ringraziando il suo benefattore.

Quando, alla fine della visita, il signor M. chiederà a tutti i componenti del gruppo chi fosse interessato ad alcuni biglietti per una lotteria di beneficenza, il signor G. quasi certamente ne acquisterà in misura superiore a chiunque altro, e probabilmente per un valore ben superiore a quello della bibita ricevuta.

In questo modo avrà la sensazione di aver "sistemato i conti" e di uscire dal museo più sollevato e sereno.

Questo stato d'animo è stato sperimentato da chiunque in innumerevoli circostanze, le più svariate.

Una delle più frequenti applicazioni nel campo della vendita è quella di offrire un "assaggino" del proprio prodotto accompagnato da un piacevole stuzzichino, oppure di donare ai bimbi un gadget nello stand della fiera. Coloro che hanno assaggiato o ricevuto il gadget si sentiranno in dovere di dedicare maggiore attenzione a chi sta proponendo il suo prodotto, aumentando le probabilità di acquisto.

Il Principio di Reciprocità è sentito in modo molto profondo in alcune culture, al punto che è considerato - in certi Paesi - gravemente oltraggioso fare favori non richiesti, in quanto ciò genera un forte senso di debito che non si sarebbe voluto provare.

Al di là di situazioni limite, procurare benefici agli altri genera benevolenza e gratitudine.

Il senso in cui vogliamo quindi intendere questo principio è dunque un senso virtuoso e di genuina volontà di portare nelle nostre relazioni uno scambio reciproco in cui ciascuno possa dare e ricevere generando un equilibrio dinamico di reciproca soddisfazione.

Una efficace sintesi di quello che accade quando si mette in atto una combinazione dei due principi ai quali abbiamo accennato, Condivisione e Reciprocità, è contenuta in una breve ma emblematica storia. Eccola.

Una maestra chiese a ciascuno dei suoi alunni di scrivere il proprio nome su un palloncino, e poi di riporre tutti i palloncini al centro della stanza.

Dopo avere rimescolato tutti i palloncini, la maestra chiese ai bambini di ritrovare il proprio palloncino, cercandolo fra i tanti sparsi alla rinfusa.

I bambini iniziarono la loro ricerca affannandosi per trovare nel caos proprio quello su cui avevano scritto il loro nome.

Trascorsi alcuni minuti, solo pochi erano riusciti a riprenderlo, così la maestra interruppe il gioco cambiando le istruzioni: "ora - disse - ciascuno prenda il primo palloncino che gli capita, e lo consegni al suo proprietario"

Pochi secondi dopo ogni bambino era rientrato in possesso del suo palloncino.

Non è difficile trasferire il senso di questa storia al mondo del lavoro: cosa succederebbe se, invece che affannarci a

inseguire ciò che cerchiamo, ci limitassimo a dare a chi ne
ha bisogno ciò di cui noi disponiamo (condivisione) , sa-
pendo che ciò che ci serve ci verrà donato da chi ne dispone
(reciprocità)?

- 48 -

Tutto ciò e possibile solo se esiste una relazione, che porti a
una conoscenza fra le persone fra cui avvengono gli scambi, oltre alla volontà di allinearsi ai valori fondamentali.

# RELAZIONI SANE E VALORI EDIFICANTI

Se i Principi Universali sono fra i principali fattori esogeni di cui dobbiamo tenere conto, fra i fattori endogeni che orientano la nostra azione, determinanti risultano essere i principali Valori che poniamo alla base della nostra vita.
Per Valori determinanti intendo qui significare non tanto ciò a cui, nel nostro pensiero o ideologia, riteniamo di attribuire maggiore importanza ma bensì, molto più praticamente, ciò che ci guida abitualmente nelle scelte e nelle azioni concrete. Infatti non sempre vi è coerenza fra i valori che dichiariamo come importanti e il nostro reale comportamento.

Poniamo, ad esempio, di affermare che famiglia e benessere siano i nostri valori di riferimento: quale sarà le nostra risposta al capo ufficio che ci chiederà di trattenerci per delle ore extra mentre abbiamo un appuntamento per accompagnare moglie e figli in pizzeria? Prevarrà magari il senso del dovere? O magari saremo più allettati dal denaro che potremmo ottenere?

Ecco come, mentre nelle dichiarazioni ciascuno può inserire ciò che gli pare e piace, i veri valori che ci orientano si manifestano solo nelle scelte e nei comportamenti concreti.
Quindi per comprendere quali sono i valori che orientano noi e le persone che frequentiamo, i nostri cari, chi ci è più vicino o lontano, a nulla serve basarsi su ciò che viene affermato, mentre l'unico modo valido è osservare il nostro e altrui comportamento.

Nuovamente, solo la consapevolezza di noi stessi e degli altri ci permette di avere una visione più chiara della realtà, e nuovamente solo l'assunzione delle responsabilità delle proprie azioni permette di crescere e migliorare.

Fra i Valori che è possibile porre alla base della crescita reciproca in una relazione che si possa ritenere sana e virtuosa metteremo in evidenza alcuni fra quelli ritenuti più edificanti per la crescita della persona: Libertà, trasparenza e solidarietà.

Inoltre metteremo in evidenza come, basando le relazioni su valori edificanti, sia possibile attuare costantemente un sano confronto, presupposto per qualunque percorso di crescita e miglioramento.


Libertà è una delle parole più abusate e mistificate in assoluto, tanto più nelle relazioni interpersonali. Quali significati si attribuiscono a questa parola? Quali emozioni suscita, quali reazioni?

Tutti dicono di voler essere liberi, tutti dicono di voler difendere la libertà, tutti collocano la libertà fra i più alti valori e fra diritti inalienabili dell' essere umano.

Nella realtà si riscontra come la libertà venga spesso rivendicata ma raramente esercitata.

Alla base di ciò vi è probabilmente una scarsa propensione, nella media degli individui, alla assunzione di responsabilità.

Una grande libertà attribuisce un grande potere, e come lo zio diceva a suo nipote in un vecchio film "un grande potere comporta una grande responsabilità".

Assumersi una responsabilità significa dover rinunciare a ogni alibi, a ogni scusa, a ogni scappatoia: sei responsabile, e devi rispondere in prima persona di ogni risultato e di ogni conseguenza delle tue azioni.

Questo significa essere liberi: essere innanzitutto responsabili.

In campo professionale, ad esempio, quando si sperimenta di lasciare le persone libere di agire secondo le loro decisioni e le loro scelte, molto spesso coloro ai quali si propone di decidere liberamente e di assumersi la responsabilità rinunciano, preferendo eseguire disposizioni di cui devono solo curare la corretta esecuzione.

I casi in cui viene accettato di poter decidere liberamente e di assumere la responsabilità sono in proporzione decisamente inferiori.

Al contrario, si verifica che chi afferma di lasciare libero qualcuno di agire, in definitiva poi eserciti una manipolazione per orientarne le scelte.

Questo atteggiamento si può sintetizzare nella frase che qualcuno usa ironicamente con i suoi collaboratori: "siete liberi di fare tutto quello che volete, a patto che io sia d'accordo". Qualcuno pronuncia questa frase apertamente; altri affermano solo la prima parte della frase, mentre si limitano a mormorare fra sé la seconda.

Anche nelle relazioni interpersonali l'esercizio della libertà di scelta e di decisione e la relativa assunzione di responsabilità va osservata nei fatti più che nelle dichiarazioni.

Comprendere quando davvero la libertà è messa al centro di una relazione, e quando invece non si tratti di vane e altisonanti affermazioni di principio a volte non è facile.

Le relazioni migliorano decisamente quando i limiti sono stabiliti, le responsabilità sono chiare, i ruoli sono definiti e ciascuno agisce entro i termini e le regole che sono stati condivisi.

Purtroppo sulla questione della libertà dobbiamo guardarci

da ipocrisie e velate manipolazioni dovute alla importanza universalmente riconosciuta del termine.

Libertà significa maturità, consapevolezza, coerenza.

La vera libertà quindi si deve meritare con l'impegno e la responsabilità, ma quelle fra persone capaci di essere libere possono rivelarsi relazioni di qualità straordinaria.

Veniamo al valore della Trasparenza, considerando che, innanzitutto, la trasparenza conviene.

Anche se apparentemente, in alcune circostanze, può sembrare che il sotterfugio, l'inganno o il torbido opportunismo portino a vantaggi immediati, nel lungo periodo questi comportamenti risulteranno inevitabilmente faticosi da sostenere.

Reggere una menzogna o coprire un bugia, magari anche usata in buonafede, richiede un dispendio di energia dovuto alla necessità di arginare le imprevedibili circostanze che potrebbero rivelarla.

Il logoramento che ne deriverà è il prezzo da pagare, che si rivelerà ben presto di gran lunga superiore al vantaggio inizialmente conseguito.

Qualcuno potrebbe col tempo sviluppare la scaltrezza necessaria per mantenersi costantemente coperto, ma anche in questo caso vi sarà un prezzo, e tale prezzo consisterà nel vivere nella perenne diffidenza nei confronti di chiunque, dovuta all'aver sviluppato una struttura mentale distorta.

Trasparenza non significa certo confidarsi con chiunque, comportarsi ingenuamente, aprirsi indiscriminatamente senza considerare le persone e le circostanze.

Significa invece sapere esprimersi con schiettezza, far valere le proprie ragioni, esprimere le proprie opinioni quando ciò è necessario.

Significa porre sul tavolo anche le questioni impegnative e se richiesto confrontarsi con ragionevolezza.

Significa, e questa è la parte più impegnativa, ammettere i propri errori, assumersi le proprie responsabilità, scusarsi quando si riconosce di avere sbagliato.

La trasparenza quindi conviene, ma non è affatto semplice da mettere in pratica.

Richiede autostima e maturità, capacità di analisi e coerenza, e una grande forza interiore.

Ma chiunque riconoscerà una persona trasparente, e ciò che si otterrà con questo comportamento sarà un grande rispetto, anche se magari non accompagnato da approvazione.

In definitiva, non è difficile ottenere approvazione, sopratutto da soggetti di basso profilo intellettuale e culturale, magari usando tecniche manipolatorie (ne parleremo più avanti), mentre non è facile ottenere consenso comportandosi con trasparenza.

È bene diffidare da chi ricerca sempre e solo approvazione, da un pubblico sempre più vasto e magari acritico (il cosiddetto "popolo bue") adottando comportamenti subdoli e torbidi, per accattivarsi i favori di una maggioranza.

Nuovamente, i risultati nel breve periodo potranno apparentemente premiare quest'ultimo atteggiamento, ma alla lunga la trasparenza si rivelerà il miglior comportamento.


Il terzo valore determinante ai fini della edificazione di relazioni virtuose che stanno alla base dello slow business è la Solidarietà.

Nessuno può bastare a se stesso. Questo semplice concetto è stato per secoli alla base delle comunità territoriali sulle quali si è fondata la crescita e il superamento delle cicliche crisi che hanno riguardato le vicende umane.

La solidarietà si fonda sulla disponibilità alla condivisione di risorse materiali o immateriali, sulla messa in comune di beni, competenze, esperienze che possano essere utilizzati a beneficio di tutti, con un orientamento a una idea di interesse collettivo.

La solidarietà diventa una questione di sopravvivenza nelle situazioni di penuria e ristrettezza, e la sua effettiva messa in atto può fare la differenza fra superare una crisi o soccombere.

Il termine "solidarietà" si fonda su una radice etimologica che riporta al concetto di "solidità" e in definitiva non significa altro che rendere solido un sistema attraverso la coesione sociale.

La coesione sociale si costruisce esclusivamente mediante il consolidamento delle relazioni.

Non ci si può illudere di generare solidarietà per decreto o per imposizione, come è capitato di vedere anche nel nostro Stato, quando in situazioni critiche si è creduto che bastassero dei proclami o delle dichiarazioni altisonanti per poter ottenere un comportamento collettivo orientato alla solidarietà.

Anche nel nucleo sul quale si è per millenni fondata la nostra struttura socio-economica, quello della famiglia, la solidarietà non è un atteggiamento che può essere preteso, ma è messo in atto solo in presenza di relazioni strutturate e fondate su valori virtuosi e concretamente praticati.

Lo stesso dicasi per la coppia, che saprà essere al suo interno solidale solo se fondata su una relazione orientata a questo principio.

Tutto ciò vale anche per le aziende che hanno come fine la presenza sul mercato dei beni o dei servizi.

Una cultura aziendale che voglia fondarsi sul valore della solidarietà non potrà limitarsi e scriverlo nella propria vision ma dovrà mettere in atto una serie di comportamenti orientati alla qualità delle relazioni interne ed esterne.

Solo in un quadro di relazioni sane e ben strutturate ciascuno sarà disposto e mettersi a disposizione dell'altro per compensarne le debolezze, e sarà disposto ad accettare l'aiuto degli altri per fa fronte alle proprie.

La vera solidarietà si fonda su una autentica e genuina propensione alla condivisione, nella consapevolezza che questa genera uno scambio in cui ciascuno mette a disposizione ciò di cui dispone e ottiene ciò di cui necessita.

Si capisce come ciò debba necessariamente fondarsi su un clima di fiducia reciproca, sulla ragionevole certezza che ciascuno farà la sua parte e che gli abusi parassitari saranno disapprovati e infine sanzionati.

La solidarietà necessita di una solida base morale e di un diffuso senso di responsabilità, oltre che sulla condanna dell' opportunismo che rappresenta il vero virus che può infettare il sistema.

Quando l'opportunismo degenera nel parassitismo si genera una crepa in cui si insinuano le radici della diffidenza, per cui coloro che pur credono nel valore della solidarietà non sono più disposti ad accettare una situazione in cui vengono meno i presupposti fondamentali della condivisione e della reciprocità.

Anche qui possiamo servirci di una immagine metaforica, prendendo ad esempio quello di una cena condivisa, in cui ciascuno sia tenuto a mettere a disposizione qualcosa da mangiare.

Chi porterà una bottiglia di vino, chi un piatto caldo, chi

un dolce, chi pane fresco, chi formaggio o salame, uova o verdura.

Un piccolo contributo da parte di ciascuno avrà come risultato un grande beneficio per tutti.

Anche coloro che abbiano a disposizione poche semplici cose potranno condividerle e attingere a una ampia tavola, frutto della solidarietà fra coloro che hanno accettato di partecipare a questa forma di convitto.

Alla tavola potrebbero essere ammessi anche soggetti che, per oggettive condizioni, non siano al momento in grado di contribuire materialmente.

Costoro potrebbero comunque pensare di ricambiare allietando la serata suonando uno strumento e raccontando divertenti barzellette.

Chi effettivamente non fosse in grado di portare alcunché potrebbe essere comunque accolto, in spirito autenticamente solidale, essendo dimostrata la sua buonafede e la consistenza dei suoi impedimenti.

Cosa succederebbe però se qualcuno si aggregasse senza contribuire, attingendo in malafede?

Probabilmente, a una successiva occasione, coloro che avevano interpretato al meglio lo spirito della cena eviterebbero di ripresentarsi, o nel migliore dei casi, potrebbero ripetere l'esperienza solo a patto di escludere dagli invitati coloro che non si fossero comportati correttamente.

La solidarietà quindi si fonda sulla coerenza, sulla correttezza e sulla reciprocità e non possono essere tollerati nel tempo comportamenti non allineati a questi valori.

Relazioni solidali richiedono quindi un paziente lavoro di costruzione e mantenimento ma possono offrire vantaggi enormi, in alcuni casi vitali.

# RELAZIONI SANE E SANO CONFRONTO

Non sempre nelle relazioni si ha la possibilità di essere allineati agli stessi valori, o semplicemente alle stesse mappe mentali o visioni della realtà.

Un sano confronto si fonda sul principio dialettico, quindi sulla espressione – nel confronto fra due parti – di una tesi e di una antitesi ad essa contrapposta, le quali potranno auspicabilmente tendere alla definizione di una sintesi fra le due posizioni.

Si tratta di un principio che pone la ragione alla sua base, e considera ogni posizione altrettanto rispettabile e degna di attenzione.

Tale principio richiede - per essere valorizzato - intelligenza, tolleranza, apertura e capacità di ascolto e di espressione.

Secondo tale principio si presume che nessuno possieda la "verità" e che nessuno possa imporre ad altri la propria idea o la propria visione della realtà.

Nelle civiltà evolute il principio dialettico è stato alla base della definizione delle controversie, delle decisioni collettive, delle contese e delle scelte.

Il principio dialettico si contrappone al paternalismo o all'autoritarismo che tendono ad imporre una posizione ritenuta "superiore" su altre, che alla posizione dominante devono subordinarsi.

Si contrappone anche all'affidamento ad una presunta "saggezza" di soggetti che dall'alto della loro visione sarebbero in grado prendere sempre la migliore decisione o suggerire cosa sia giusto e cosa no.

Una relazione è da ritenersi tanto più sana quanto più pre-

valga, nel confronto, il principio dialettico correttamente
applicato.

Un caso preso ad esempio potrà permetterci di comprendere meglio.
Presumiamo che - in una determinata circostanza – uno
dei soci di una azienda ritenga che a un collaboratore vada
inflitta una severa punizione, mentre l'altro socio affermi
che si potrebbe ottenere il comportamento desiderato semplicemente motivandolo di più.
Quale sarà la linea da tenere? Bastone o carota?
Il principio paternalistico o autoritario farebbero prevalere
una delle due posizioni: quella che si imponga con maggiore forza.
Nel caso in cui ci si affidasse al consiglio di un saggio, gli
orientamenti potrebbero essere basati sulla sua esperienza.
Il confronto dialettico fra i due soci - se ben impostato e
condotto - farà invece emergere in un quadro di argomentazioni, prima le ragioni dell'uno, poi quelle dell'altro.
Usando la razionalità si potrà infine sintetizzare quanto
emerso in una visione d'insieme che probabilmente conterrà
quanto di valido vi era nelle argomentazioni di ciascuno.
Ecco come il principio dialettico avrà consentito di considerare la complessità della realtà e di pervenire a una sintesi rispettosa delle varie istanze e quindi più probabilmente adeguata al caso in esame.
Potrebbe anche essere che la parti debbano rivolgersi a
una terza parte, alla quale affidare concordemente la funzione di definire - dopo avere diligentemente compreso la
tesi e la antitesi – la sintesi finale.
Anche in questo caso varranno comunque le considerazioni espresse poco sopra.

Altri innumerevoli casi potrebbero essere esemplificati, nel lavoro come nella scuola, negli affari come nei rapporti famigliari.

Il diritto romano, sul quale sono ancora incardinati i sistemi giuridici di molti importanti Stati, si fonda proprio sul principio dialettico: una accusa si contrappone a una difesa e al giudice è riconosciuto il ruolo di esprimere una sintesi, sotto forma di sentenza.

Il principio dialettico rimane dunque un fondamentale strumento nelle relazioni interpersonali sane, che consente di affrontare le più svariate circostanze secondo i buoni principi della comunicazione efficace e del confronto razionale.

# RELAZIONI TOSSICHE:
## DIPENDENZA E MANIPOLAZIONE

Abbiamo affermato nei primi paragrafi come le relazioni rappresentino un vero alimento necessario per la nostra salute psico-fisica, e abbiamo anche affermato che, come tutto ciò di cui ci nutriamo (aria, acqua, cibo) anche le relazioni possono essere sane o tossiche.

Le relazioni tossiche sono, come l'aria, l'acqua o il cibo, a volte difficili da riconoscere o, quando riconosciute, a volte difficili da evitare o da eliminare.

Una forma di relazione potenzialmente tossica consiste nella relazione di dipendenza.

È normale che nei primi anni della nostra vita siamo completamente dipendenti dai nostri genitori o da chi comunque ci accudisce.

Nelle prime fasi della crescita non abbiamo la capacità di provvedere a noi stessi, nè i mezzi e gli strumenti necessari al nostro sostentamento e per far fronte alla nostre esigenze primarie.

Crescendo dovremmo progressivamente renderci autonomi, sia materialmente che emotivamente.

Essere materialmente ed emotivamente indipendenti non ha niente a che fare con l'idea dell' "uomo che non deve chiedere mai".

Essere materialmente indipendenti significa essere in grado di provvedere dignitosamente a se stessi, per ogni esigenza legata almeno al proprio sostentamento e alle esigenze primarie.

Essere emotivamente indipendenti significa avere maturato la capacità di relazionarsi agli altri in modo equilibrato, con una solida base di autostima, capacità di confronto, autoconsapevolezza.

Qualora queste qualità non siano adeguatamente sviluppate, si continua ad avere l'esigenza di rimanere, metaforicamente, aggrappati a chi possa compensare le nostre carenze.

Ciò può comportare varie forme di dipendenza, nella quale uno dei soggetti si sente costantemente in stato di necessità nei confronti dell'altro.


Potrebbe semplicemente trattarsi di dipendenza economica: in tal caso, non disponendo di denaro sufficiente per far fronte alla propria sussistenza si deve attingere alle risorse di altri.

A lungo nella nostra tradizione si è considerata normale la coppia di coniugi nella quale il marito doveva provvedere al sostentamento materiale mentre la moglie all'accudire la famiglia.

In tal caso la dipendenza era di fatto reciproca: tanto la moglie quanto il marito tacitamente accettavano l'assunzione dei ruoli che erano convenzionalmente stabiliti.

In seguito è sopraggiunto un cambiamento culturale per cui, al di fuori del normale mantenimento di figli minori da parte dei genitori, ciascuno deve ottenere la propria indipendenza economica.

La dipendenza economica comporta alti rischi di generare tensioni e frustrazione, oltre che limitare la libertà di azione e decisione.


Meno evidenti ma altrettanto rischiosi sono i casi in cui vi è un assoggettamento dovuto a qualche forma di dipendenza emotiva. Le esigenze di approvazione, di riconoscimento, di manifestazione di affetto possono essere ritenute esigenze umanamente comprensibili, ma quando assumono forme morbose o addirittura patologiche sono sintomi che devono allarmare.

Essere emotivamente dipendenti da qualcuno ci espone al rischio di manipolazione.

La manipolazione è spesso collegata a una visione utilitaristica delle relazioni: colui che manipola mira ad usare la persona manipolata per conseguire i propri fini e i propri obiettivi.

Altre volte per allineare i soggetti a un certo conformismo, altre ancora viene usata per orientare qualcuno "per il suo bene".

Le tecniche usate possono essere innumerevoli e non sempre sono messe in atto consapevolmente.

Dalla propaganda politica alla *moral suasion* aziendale, dal "consiglio disinteressato" alla confidenza strategica, ciascuno ha la propria esperienza su come ha esercitato o subito manipolazione nelle relazioni individualmente o collettivamente.

# SINERGIE

Quando le relazioni sono sane e si è raggiunta una alta qualità del rapporto, la sinergia rappresenta la massima espressione di quanto le relazioni possano produrre, o meglio: generare.

La parola "generare" è più adatta, in quanto una sinergia consiste in uno straordinario meccanismo di interazione fra due o più soggetti da cui derivano sviluppi il cui esito non è computabile come semplice somma dei fattori che sono stati coinvolti.

La sinergia va dunque ben oltre il concetto di complementarietà, con il quale viene a volte confuso.

Un esempio: in tema di slow business, la complementarietà potrebbe consistere nell'incontro fra un ingegnere che abbia le competenze e un investitore che disponga dei capitali per realizzare un nuovo modello di automobile.

In questo caso, 100 di competenza + 100 di capitale consentirà di realizzare un progetto il cui valore sarà complessivamente pari a 200, oltre naturalmente a quanto il mercato premierà nelle vendite l'idea realizzata.

Ma, attenzione, dalla sinergia fra un informatico e - ad esempio - un botanico, potrebbe nascere una nuova inedita idea in grado di rivoluzionare completamente una visione di produzione agrotecnica, in grado magari di risolvere problemi di alimentazione nei paesi in via di sviluppo.

In tal caso l'esito della sinergia così strutturata avrebbe veramente un valore incalcolabile.

Nel suo più alto significato il termine sinergia implica, ripetiamo, la generazione di esiti il cui valore va ben oltre la somma dei fattori coinvolti.

Quale è la vera difficoltà nell'attuare sinergie?
La vera difficoltà consiste fondamentalmente nel fatto che l'approccio sinergico può portare verso sviluppi incontrollati. Proprio come generare un figlio ci potrà dare grandi soddisfazioni ma ci espone anche a anche rischi e imprevisti, dovuti al fatto che il figlio a un certo punto vivrà una vita propria, sulla quale il nostro controllo non potrà più essere esercitato.

Mettere in atto una sinergia richiede dunque una grande apertura, una grande esposizione, una disponibilità a generare risultati magari distanti da quelli attesi, magari indipendenti dalla nostra volontà.
In effetti la sinergia richiede coraggio e mente libera da pregiudizi, doti che non sono comuni nelle relazioni interpersonali. Ma quello che è certo è che il lavoro sinergico può portare a risultati esaltanti, stupefacenti, inimmaginabili.
Creare sinergie è il modo in cui si abbattono le barriere, si superano i limiti, si aprono nuove frontiere, si progredisce verso nuovi orizzonti.

# IL POTERE DELLA COMMUNITY

Quando ero piccolo, mio nonno mi portava, ogni tanto il lunedì, al "mercat de Roàt", che tradotto dal lombardo significa al mercato di Rovato.

Questo mercato era il più importante della Franciacorta e forse della provincia di Brescia, e trattava migliaia di capi di bestiame, dai polli ai tori da monta, passando per ovini, cavalli, e ogni altro genere di animali da cortile, da lavoro o comunque da allevamento.

Ricordo che con i miei occhi da bambino giravo affascinato fra i recinti sentendo versi e annusando gli odori che ancora sono impressi in modo indelebile nella mia memoria.

Ma ricordo anche molto bene le trattative tra i mercanti, che spesso erano molto animante e si concludevano tutte nello stesso modo: una vigorosa pacca sulla mano.

Questa semplice pacca era il suggello di un patto che era considerato inviolabile: siamo d'accordo e non si discuterà più, perchè l'accordo sarà rispettato. Punto.

A volte i valori in trattativa erano anche molto alti ma, dalla gallina alla dozzina di mucche, la "firma" sul "contratto" era sempre la stessa: una pacca sulla mano.

A pensarci oggi sembra impossibile, infatti oggi anche solo per comprare una bici a rate si devono firmare contratti e clausole che definiscono ogni dettaglio della transazione, e quando chiami un geometra devi sottoscrivere un incarico particolareggiato in ogni punto.

Ora la domanda è: cos'è che rendeva possibile quella che oggi sembra una pratica fuori dal tempo? Perchè oggi non riconosciamo più il valore della stretta di mano?

Ai tempi del mio nonno ricordo che si usava un termine oggi desueto: quando una persona era ritenuta degna di stima e di fiducia si affermava che fosse un "galantuomo".
Essere considerati galantuomini era molto importante e ciascuno tendeva a comportarsi in modo da meritare quell'appellativo.
Perchè essere riconosciuti come "galantuomini" era considerato fondamentale?
La risposta è semplice: perchè esisteva una Comunità che, implicitamente, vigilava sul comportamento dei singoli.
Le persone non erano intimamente più corrette, più oneste, più coscienziose di quanto non lo siano oggi: semplicemente non potevano permettersi di comportarsi in modo scorretto perchè la Comunità le avrebbe penalizzate marginalizzandole.
Ciascuno era, dalla stessa Comunità di appartenenza, "spintaneamente" indotto a rispettare le regole che rendevano possibile una convivenza funzionale al commercio, al lavoro, alla vita quotidiana e familiare.
Come si sarebbero comportate le stesse persone che rispettavano l'accordo con una stretta di mano se la Comunità si fosse improvvisamente disgregata e nessuno avesse dovuto più rendere conto del suo comportamento? Probabilmente avrebbero potuto liberamente affiorare gli istinti più bassi, egoistici e opportunistici che sono annidati in ciascun essere umano, con l'innesco di conflitti e contenziosi che avrebbero reso necessario il ricorso a giudici, arbitri, avvocati.

Un altro caso che rende evidente il potere della Comunità è relativo a quanto accaduto in India, dove alcuni decenni fa un finanziere filantropo decise di avviare una iniziativa di micro-credito, consistente nel prestare piccole somme a

persone indigenti per consentire loro di avviare piccole attività di auto-sostentamento: ti presto venti dollari per comprare un carretto e iniziare a vendere frutta, oppure una sega circolare per iniziare a lavorare il legno.
Bene: in una fase iniziale la percentuale di attività avviate e quindi di soldi resi fu vicina a zero.
Il prestito veniva sperperato irresponsabilmente e si traduceva di fatto in una effimera elemosina.
Allora si pensò di cambiare approccio: riuniamo dieci famiglie povere alle quali prestiamo venti dollari ciascuna ma - attenzione - se una sola non onorerà il debito tutte le altre dovranno risponderne.
Ecco che il denaro iniziò ade essere impiegato in modo virtuoso e la Comunità iniziò un percorso di prosperità crescente.

Si potrebbero citare altri innumerevoli casi ma credo che quanto sopra esposto sia sufficiente a ricordare quanto gli umani, in quanto esseri sociali, sia fortemente condizionati dal potere della Comunità, il quale va oltre quello coercitivo delle norme, della burocrazia, della giustizia istituzionale.
Oggi il termine Comunità è sostituito da "Community", e alle Community fisiche si aggiungono quelle virtuali, ma il valore di partecipare a un gruppo di pari sano, etico, fondato su solidi valori condivisi e orientati a un funzionamento generatore di benessere diffuso rimane inestimabile.

# CONCLUSIONI

Questo scritto è frutto dell'esperienza che ha portato a una evoluzione di coscienza, e quindi a un mutamento di valori e di atteggiamento nel modo di lavorare.

Vivere e lavorare in un ambiente che non si è davvero scelto, svolgendo una attività in cui non si possono esprimere i propri veri talenti, dove ciò che viene perseguito è il mero conseguimento di un reddito economico senza il soddisfacimento del proprio bisogno di senso, non può portare alla autorealizzazione.

Non può portare alla autorealizzazione fare scelte che, seppur apparentemente dettate da reali e concrete esigenze, sono invece essenzialmente conformiste e prive di autenticità, di coraggio, di volontà genuina, di coerenza con ciò che si desidera veramente.

Il rischio è che quando le difficoltà mettono davvero alla prova, quando l'energia richiesta è alta, quando gli ostacoli diventano molti e i problemi da risolvere più del previsto, non si riesca a sostenere lo sforzo necessario, con conseguenze che possono essere irreparabili.

Quindi, quando si deve decidere se dedicarsi o meno a un progetto, a una attività, a una carriera, a qualsiasi cosa richieda di investire il nostro impegno e le nostre risorse la prima cosa da chiedersi è: quali sono le vere motivazioni, i veri obiettivi, i veri perchè?

Questo, fortunatamente, hanno cominciato a capirlo sempre più persone. Ma questo non basta.

Rivolgendoci al passato possiamo rivalutare l'importanza di principi e valori che sono stati a fondamento dello sviluppo di civiltà che in varie epoche storiche hanno generato benessere e prosperità. Tali principi e valori hanno spesso riguardato le modalità di comunicazione, interazione e scambio fra esseri umani, ossia le relazioni fra essi.

Vivendo con consapevolezza il presente dobbiamo assumerci pienamente le responsabilità che ci competono nella edificazione dell'avvenire nostro e di chi verrà dopo di noi.

Lo slow business può essere dunque inteso come una sorta di "ritorno al futuro", ossia una proiezione in avanti di quanto chi ci ha preceduto ha messo in atto, aggiornandone le modalità pur conservandone il senso profondo.

Un detto orientale recita: "non importa il punto in cui ti trovi, ma la direzione in cui stai andando".

Possiamo qui aggiungere: "e la via che hai scelto"

Lo slow business è una via possibile: la via del crescere con e attraverso gli altri.

Quello che segue è il "Manifesto" che ne proclama i principi e i valori.

# MANIFESTO DELLO SLOW BUSINESS

*Una nuova consapevolezza si aggira per l'Europa:*
*la consapevolezza del valore delle relazioni.*


*Imprenditori, professionisti, artisti, creativi, commercian-*
*ti, artigiani possono oggi comprendere quanto sia impor-*
*tante fondare il proprio lavoro sul rapporto fra persone e*
*sulla costruzione di relazioni umane orientate a valori*
*edificanti e virtuosi.*


*Efficienza, trasparenza, condivisione, fiducia e collaborazio-*
*ne, merito e responsabilità: ecco i riferimenti fondamentali*
*per mettere in atto lo slow business.*


*Lo slow business non è una filosofia: è una pratica.*
*praticare lo slow business significa costruire giorno dopo*
*giorno la propria credibilità.*


*Per costruire la propria credibilità occorrono coerenza e*
*impegno, disciplina e perseveranza.*


*Tutto ciò richiede di investire il proprio tempo:*
*il tempo per ascoltarsi, il tempo per migliorarsi,*
*il tempo per fortificare il proprio corpo,*
*controllare la propria mente,*
*conoscere e gestire le proprie emozioni.*

*Per praticare lo slow business
occorre mantenere il giusto atteggiamento:
attenzione per gli altri,
orientamento alle soluzioni,
proattività, umiltà, curiosità,
apertura e disponibilità.*

*Tutto ciò richiede di investire il proprio tempo:
il tempo per ascoltare,
il tempo per rispondere,
il tempo di farsi domande
e di trovare le giuste risposte.*

*Praticare lo slow business significa generare guadagno:
guadagno per sé e per gli altri.*

*Generare guadagno nello slow business
significa creare servizi utili e prodotti validi,
creare competenze e conoscenza,
creare posti di lavoro qualificati e qualificanti.*

*Significa collaborare, confrontarsi,
chiedere e offrire aiuto e supporto.*

*Tutto ciò richiede di investire il proprio tempo:
il tempo per conoscere, il tempo per esplorare,
il tempo per studiare, il tempo per coltivare.*

*Lo scopo dello slow business è
generare concretamente miglioramento e crescita,
prosperità e benessere, nel rispetto delle persone,
dell'ambiente e della libertà di impresa.*

*Nello slow business tutto ciò non è un diritto:
deve essere meritato.*

*Nello slow business tutto ciò non è dovuto:
deve essere costantemente mantenuto.*

*Per questo, nello slow business
le gratificazioni sono grandi,
le soddisfazioni piene,
i risultati importanti e duraturi.*

*Nello slow business si sceglie cosa fare,
con chi farlo, quando farlo, come farlo.*

*Nello slow business le tecnologie sono molto utili
e vengono utilizzate con intelligenza e consapevolezza.*

*Nello slow business
si mantengono il sorriso e il buonumore
e si pratica la gentilezza.*

*IMPRENDITORI, PROFESSIONISTI, ARTISTI,*
*CREATIVI, COMMERCIANTI, ARTIGIANI:*
*È GIUNTO IL TEMPO DI RIPRENDERSI IL PROPRIO TEMPO.*
*È GIUNTO IL TEMPO DI INVESTIRE NELLE RELAZIONI.*

*CONDIVIDETE QUESTE PAROLE:*
*LA RIVOLUZIONE SLOW È COMINCIATA!*

◆◆◆◆◆◆◆◆◆

# CONTRIBUTI
# DI PERSONE SPECIALI

# CONTRIBUTO
## di Gianluca Brambilla "Il Brambilla"

"Fra tutte le teorie economiche che ho studiato nella mia lunga vita, la parola 'efficienza' faceva sempre capolino.
Sempre!
Efficienza significa fare tante cose ed alla svelta. Altro che 'slow business'.
I primi dubbi mi erano venuti in ospedale dove i medici, un bel giorno mi dissero che potevo mangiare tutto quello che volevo ma ad una condizione: piano, piano! Il risultato è stato che adesso non faccio più diete e che ho smesso di ingrassare.
Per me, un risultato enorme ma sarà applicabile nella mia vita professionale? Si può essere imprenditori 'slow' in un mondo fatto di scadenze e tempistiche da rispettare?
Francamente non lo so ma il solo fatto di tornare a dare importanza al tempo che scorre, ai valori umani che spesso finiamo per calpestare, ad ascoltare la Natura che si sta ribellando all'Uomo, a lavorare per vivere e non a vivere per lavorare, sarebbe già un grandissimo risultato. Ecco perché ho aderito a Slow Business: voglio dimagrire dall'ansia del fare impresa. Adesso voglio fare 'i soldi' andando piano perché farli andando 'forte' non ti gusti il viaggio e arrivi stremato alla meta."

**Gianluca Brambilla "Il Brambilla"**
Consulente, Imprenditore, Amministratore eAgisco srl, Opinionista televisivo

# CONTRIBUTO
## di Chiara Fusi

"Lo *SLOW BUSINESS* proposto da Massimo Calabria mi ha subito conquistata!

Ero da pochi giorni entrata nel Sistema C.R.E.A. (Creazione Rete Espansione Affari) e già assaporavo un nascente senso di appartenenza… Ma il 22 dicembre 2020, dopo aver sentito Massimo proclamare il suo MANIFESTO DELLO *SLOW BUSINESS*, ho sentito di essere "a casa".

In questo suo progetto ci ricorda l'importanza di porre grande attenzione all'ascolto del nostro mondo emozionale e al senso di responsabilità come due fondamenta per edificare buone relazioni.

Relazioni affidabili e coerenti, espressione di un autentico desiderio di condivisione e reciprocità, sono elementi indispensabili alla costruzione di attività imprenditoriali in stile *SLOW BUSINESS*. Esprimersi con trasparenza, chiedere scusa quando si sbaglia, auspicare un'autentica condivisione, farsi portatori di solidarietà. Questa è la visione lucida -e luccicante!- di un uomo che ha compreso quanto portare i propri talenti in un'impresa lavorativa equivalga a fare arrivare al mondo il sorriso contagioso del proprio valore.

Massimo cita la metafora dell'orto da curare con amore e dedizione; sono azioni necessarie per poter gustare i frutti di una relazione nutriente. Anche io, attraverso la mia professionalità, prendo parte al suo intento di portare nella società un modello di business più umano ed etico. Ho imparato che la risonanza con gli altrui sistemi valoriali è una preziosa risorsa da intercettare e consolidare …Quindi (questo avverbio

da noi tanto amato) ti ringrazio Massimo per avermi permesso di condividere il mio sentire in questa tua opera.
Il mondo ha bisogno di Cuori in apertura e laboratori di Gentilezza.
In questo contributo, io mi sento molto affine a te."

**Chiara Fusi**
Creativa Culturale, Scrittrice, Counselor, Autrice di giochi per l'Intelligenza Emozionale.

# CONTRIBUTO
## di Gianfranco Delbarba

"Il mio interesse per la crescita personale e la ricerca di un nuovo modo di fare business parte da lontano. Nel 2006 ho fondato, insieme ad un gruppo di imprenditori e manager bresciani, una associazione noprofit, il cui slogan era semplice: incontrarsi per condividere, associazione che negli anni si è impegnata a creare occasioni di formazione ed auto-formazione tra manager, professionisti, imprenditori e non solo.

Ho seguito lo sviluppo di C.R.E.A. sul territorio sin dal principio. Massimo e tutto il suo team stanno facendo un lavoro incredibile nella diffusione di un nuovo modo di vivere l'azienda e la libera professione: questo scritto ne è l'ennesima conferma e costituisce uno strumento utile per creare nuove relazioni di valore e, conseguentemente, nuove opportunità.

Al suo interno sono contenute nozioni che nel corso degli anni mi hanno aiutato a superare tanti momenti complicati, in ambito personale e professionale. La capacità di raccontare problemi e soluzioni con aneddoti e metafore rende questo manifesto una lettura pratica, scorrevole e originale: indispensabile per chi possiede una azienda o pratica la libera professione e vuole fare il salto di qualità in termini di un miglioramento continuo."

**Gianfranco Delbarba**
Imprenditore, Amministratore Archè Italia srl, Fondatore Ass.ne Taopolis

# CONTRIBUTO
## di Roberto Fedriga

"Il MANIFESTO DELLO SLOW BUSINESS è un prezioso documento che racchiude i sani principi del Business Etico, ed in particolare quelli della condivisione, della collaborazione e della contaminazione di idee.

Troppo spesso si considera il business l'antitesi dell'etica. Questa visione distorta è alimentata dalla condotta di un certo tipo di imprenditoria, che potremmo definire "improvvisata". La causa principale di questo malcostume è la scarsissima diffusione della cultura imprenditoriale.

Fare l'imprenditore troppo spesso non coincide con l'Essere imprenditore. Né la scuola né tantomeno l'università sembrano dare un'esaustiva preparazione in tal senso. Ecco perché vedo Il MANIFESTO DELLO SLOW BUSINESS come un primo strumento essenziale per avvicinarsi ad un mondo, quello dell'imprenditoria, che sa restituire solo se si impara a dare, un mondo che non prevede scorciatoie ma che ha bisogno di tempo, cura e dedizione, un mondo che, se affrontato senza la giusta preparazione, può deludere o peggio ancora inghiottire valore e potenzialità di realtà che avrebbero potuto ottenere successo."

**Roberto Fedriga**
Consulente PMI, Amministratore Reach srl

# CONTRIBUTO
## di Omar Malik

"Ad un anno e mezzo di distanza dall'apertura della partita iva, posso affermare che senza la costruzione efficace di relazioni, a quest'ora sarei dovuto tornare a fare il dipendente. In questo periodo storico più che mai, le relazioni sono diventate fondamentali per poter sviluppare la propria attività, infatti nel 2020 le persone che sono riuscite a tenere in piedi la propria attività da liberi professionisti, sono quelle che hanno saputo reinventarsi a livello professionale e grazie alle relazioni di qualità costruite negli anni passati hanno potuto ricominciare a lavorare velocemente.

Come hanno fatto? Grazie alla fiducia. Fiducia costruita insieme ai clienti, ai collaboratori e fornitori del loro lavoro precedente. Perché quando una persona sa che può fidarsi che farai un buon lavoro, ti darà sempre la possibilità di lavorare per lei. Lo slow business è proprio questo, mettere davanti al business le relazioni perché da relazioni di qualità nasce sempre business di qualità."

**Omar Malik**
Consulente marketing, Titolare Imagency

# CONTRIBUTO
## di Marco Pedrazzetti

*L'arte è ricerca continua, assimilazione delle esperienze
passate, aggiunta di esperienze nuove, nelle forma,
nel contenuto, nella materia, nella tecnica, nei mezzi.
Non ci deve essere un'arte staccata dalla vita: cose belle
da guardare e cose brutte da usare.
Occorre far capire che finché l'arte resta estranea
ai problemi della vita, interessa solo a poche persone.
Quando tutto è arte niente è arte.*

Bruno Munari

Così Bruno Munari definisce l'arte: quella "sconosciuta"
espressione di esseri che vivono nell'ombra.

Perché chi fa arte non lo si trova nei sociale, ma nelle canti-
ne, per le strade, nei teatri e tra la gente ma, nella maggior
parte dei casi, però, chi fa e diffonde arte, è apparentemente
nell'ombra: un essere sconosciuto ai più.

E' un artigiano che faticosamente e quotidianamente lavora
affinché il frutto del proprio lavoro e della propria ricerca
produca un cambiamento che possa mutare anche chi non
considera l'arte come espressione di un lavoro

L'arte ha bisogno di tempo e di energie per poter produrre i
suoi frutti ma sembra che oggi non ci sia tempo per l'arte.

Tutti sappiamo che  tempo è sia bene prezioso, ma allora perché ne siamo prigionieri o lo lasciamo correre tra le dita?

Riconoscere l'importanza del tempo vuol dire riconoscere
l'importanza di chi lo usa nel migliore dei modi e che attra-

verso di esso, attraverso il proprio lavoro, possa dare il contributo al miglioramento della società e delle persone.

Perché un mondo immobile è un mondo grigio, un mondo di corsa è un mondo che perde occasioni ma un mondo che dedica il tempo e ne riconosce il valore, in tutte le sue forme, è un mondo che può veramente riprendere la rotta verso la propria stella polare che sembra aver smarrito

Noi tutti abbiamo bisogno di un mondo nuovo, noi tutti abbiamo bisogno di un mondo che sia accompagnato dall'arte.

E il teatro è la mamma di tutte le arti, ne abbraccia tutte le forme, le valorizza e le esalta in ogni luogo.

Per questo essere artigiani del teatro, così mi piace definire la forma più povera ma allo stesso modo nobile di essere un teatrante, ha bisogno di esseri coraggiosi che vogliano impegnarsi a valorizzare una relazione di qualità.

Di artigiani che riconoscano l'importanza di un sacrificio: far diventare la propria arte un lavoro che non sia staccato dalla gente, che si elevi a dispensatori di verità ma bensì che sia tra la gente, che vada verso il pubblico in modo puro, eticamente onesto e che per questo venga riconosciuto come indispensabile che quindi venga considerato e valorizzato.

Artigiani che si impegnino nella ricerca e nell'ottenimento di risultati e che vogliano produrre bellezza e ricchezza nelle persone e nella società.

Cosa c'entra lo slow business in questo? È presto detto: Lo slow business è una filosofia di vita, è un modo per tornare alle origini anche dell'arte.

Fare slow business nel teatro vuol dire riconoscerne il valore e dargli il peso che gli compete anche se fare teatro, al giorno d'oggi possa sembrare un'impresa.

Allora cosa c'è di meglio se non trasformare una "impresa" in un impresa?

Io penso che mondo senza arte sarebbe un mondo più grigio, un mondo senza artisti incapaci di sapere quale siano il loro ruolo nel mondo sarebbe un mondo più povero e un mondo che non riconosca l'importanza degli artisti beh.. a questo non ci vorrei nemmeno pensare…"

**Marco Pedrazzetti**
Attore, Regista, Formatore, Imprenditore, Fondatore compagnia teatrale Filo di Rame

# CONTRIBUTO
## di Mauro Zerbini

"Lo scritto ed il manifesto relativi allo "Slow Business" toccano argomenti, se vogliamo, noti; l'analisi di tali tematiche è però affrontata attraverso la lente dello sviluppo "economico-relazionale", dato che l'Autore sviscera le dinamiche di "socialità" con una privilegiata attenzione alla costruzione di tessuti relazionali orientati alla produzione dell' "etico e condiviso profitto", diretta conseguenza di un virtuoso e proficuo scambio di beni e servizi generato in seno a solide relazioni interpersonali.

Il momento storico attuale ha profondamente toccato la nostra quotidianità, obbligando le persone ad una socialità "virtualizzata" e veicolata dai moderni mezzi di comunicazione, mediando tramite un monitor ed una webcam quello che si definiva "scambiare due parole"… fare quattro chiacchiere"… tutto ciò ha in noi esercitato una sorta di "reimpostazione" gerarchica delle priorità, riportando alla dignità ed importanza che loro compete le "relazioni interpersonali".

Dallo scritto e dal manifesto emerge con prepotenza la voglia di tornare ad una "lenta" (slow) attenzione per l'Altro, alla condivisione…

A questo punto l'interlocutore può, senza dubbio, anche essere rappresentato dal prossimo business partner, anch'egli probabilmente "affamato" di relazioni interpersonali sincere e durature."

**Zerbini Rag. Mauro**
Consulente tributario, Titolare Studio Pro.ge.a. S.r.l., Presidente Provinciale Associazione Nazionale Tributaristi LAPET

# CONTRIBUTO
## di Alessandro Tricomi

"Ho avuto la fortuna di poter leggere in anteprima questo che definirei un manuale pratico di atteggiamento costruttivo per un costante incremento, non solo in termini lavorativi ma anche e soprattutto in termini di personali.

L'importanza del cosiddetto "savoir-faire"… un vero e proprio sistema districato in più e più aspetti che permette all'individuo che ne coglie i non detti e le sottigliezze di poter fare ed essere la differenza.

Massimo ,con questo suo manuale ci permette , stando attenti alla lettura, di rispolverare qualcosa che molto spesso diamo per scontato diamo per ovvio ma che tanto ovvio non è ed il lettore si ritroverà senza volerlo a sorridere e annuire con la testa quasi in preda ad una danza silenziosa fatta di propri episodi di vita vissuta che lo accompagnerà durante tutto questo breve viaggio.

Non mi resta che ringraziare Massimo e augurare una buona esperienza al lettore…

Grazie"

**Alessandro Tricomi**
CEO e Fondatore www.emoma.it

# RINGRAZIAMENTI

Un ringraziamento al mio editore Nicola Bergamaschi di Edizioni WE per avere da subito creduto nel valore di queste pagine.

Voglio poi ringraziare Federico Tilola, che ha scritto la prefazione, e coloro che hanno letto in anteprima questo scritto e lo hanno commentato con alcune considerazioni personali, che mi hanno gratificato e incoraggiato alla pubblicazione.

I loro nomi sono riportati in calce alle recensioni ma voglio ripeterli qui, in ordine alfabetico:

- Gianluca Brambilla
- Gianfranco Delbarba
- Roberto Fedriga
- Chiara Fusi
- Omar Malik
- Marco Pedrazzetti
- Alessandro Tricomi
- Mauro Zerbini

Alcuni di loro sono anche tra i fondatori della Associazione SLOW BUSINESS, e hanno voluto condividere l'intento di valorizzare i concetti espressi nel "Manifesto" in una Community fatta di persone che condividono gli stessi valori.

Il mio ringraziamento va anche agli altri che hanno contribuito alla fondazione della Associazione:

- Nicola Bergamaschi
- Andrea Calabria
- Fabrizio Lazzari
- Dario Mangili
- Remo Pozzoni

Oltre ai miei soci, Remo e Federico, che ho già qui sopra ringraziato, voglio anche ricordare con gratitudine coloro che giorno dopo giorno si impegnano concretamente per mettere in pratica i principi dello SLOW BUSINESS. Sto parlando dei Mediatori delle Piazze del Sistema C.R.E.A., che al momento sono:

- Claudia Comella
- Giulio Fontana
- Marzia Fucili
- Sara Maffeis
- Irene Moscardi
- Paola Olini
- Roberto Petrucelli
- Lina Pietroboni
- Barbara Rota
- Pierangelo Russi
- Monica Testa

Ringrazio in anticipo anche coloro che vorranno aggiungersi e contribuire allo sviluppo futuro del Sistema.

Fra coloro dai quali ho avuto un contributo alla mia crescita personale e professionale e voglio ringraziare:

- Paolo Borzachiello
- Fabrizio Cotza
- Efrem Diani
- Franco Del Moro
- Jacopo Fo
- Eliseo Papa
- Oliviero Ratti
- Roberto Re
- Clementina Tedeschi
- Giovanni Vitali

Pur non avendoli conosciuti personalmente voglio ringraziare anche:

- Salvatore Brizzi
- Paolo Crepet
- Vincenzo Cerami
- Diego Cugia
- Giorgio Gaber
- Umberto Galimberti
- Marco Montemagno
- Pier Paolo Pasolini
- Giuseppe Pontiggia
- Erika Poli
- Marco Roveda
- Julio Velasco

Sebbene siano innumerevoli coloro che mi hanno orientato con la loro opera, qui citerò coloro il cui pensiero mi sembra affiori di più fra queste pagine:

- Stephen Covey
- Tony De Mello
- Keith Ferrazzi
- Victor Frankl
- Daniel e Tara Goleman
- Primo Levi
- Jiddu Krisnamurti
- Yogi Ramacharaka
- Seneca
- Schopehauer
- R.L.B. Stevenson

Fra coloro dai quali ho avuto qualcosa di importante ringrazio gli amici di TAOPOLIS, del BLOOM di Mezzago, del LIONS CLUB e gli amici del Terzo Millennio.

Gli altri amici che mi hanno dato e mi stanno ancora dando qualcosa non li citerò uno per uno perchè tanto sanno che sto pensando a loro: grazie di esistere amici miei.

Grazie anche alla mia famiglia: a mio padre Domenico e a mia madre Lina, a mio fratello Claudio e a mia sorella Rosi per essermi da sempre accanto e per accogliermi sempre con un abbraccio.

Per concludere un grandissimo grazie ai miei figli Andrea e Silvia per il senso che danno alla mia vita.

# NOTE SULL'AUTORE

**Massimo Calabria,** classe 1965, padre di Andrea e Silvia, vive e lavora a Pontoglio in provincia di Brescia.

Ha aperto la sua prima partita iva come geometra all'età di 19 anni, iniziando la sua attività come imprenditore in ambito edilizio.

Ha frequentato il Politecnico di Milano dove ha conseguito la laurea in architettura con una tesi sulla archeologia industriale e il recupero delle aree dismesse.

Successivamente si è specializzato in bio-edilizia presso il distretto tecnologico del Trentino HABITECH, conseguendo la qualifica di progettista A.R.C.A.

Ha approfondito lo studio dell'efficienza energetica e delle energie rinnovabili qualificandosi presso ENEA come Energy Manager e presso CERMET come Auditor ISO 50001.

Collabora con il Consorzio Bambù Italia per la strutturazione di una filiera che coinvolge investitori e imprenditori per la introduzione del bambù come commodity eco-sostenibile.

Nel 2014 ha fondato il Sistema di Marketing Relazionale C.R.E.A. che amministra con i soci dalla costituzione della omonima srl.

Ha svolto attività finalizzate alla crescita personale, frequentando a lungo i corsi di Hata Yoga presso le scuole L'AURA e KUNDALINI, corsi di leadership, strategia d'impresa, marketing, PNL e pubblic speaking con TAOPOLIS, URC, ALL WINNERS e HRD, di teatro con la compagnia FILO DI RAME.

Ha dedicato anni come volontario ad attività socio-culturali fra le quali la fondazione nel 1997 l'Associazione Terzo Millennio, una esperienza come insegnante di storia dell'arte presso la comunità di recupero per tossicodipendenti SHALOM, e la adesione alla cooperativa sociale IL VISCONTE DI MEZZAGO impegnata nella gestione di un centro culturale polifunzionale.

Da motociclista ha visitato tutte le regioni d'Italia, oltre che aver compiuto viaggi in diversi paesi europei, Nordamerica, Africa e Asia.

Fra le sue passioni principali le attività all'aria aperta come canoa, trekking e mountain bike, oltre alla musica e alla lettura.

Da sempre afferma di porre un percorso di miglioramento continuo come base della propria filosofia di vita.

**Nel 2021 è tra i fondatori della Ass.ne SLOW BUSINESS della quale viene nominato primo Presidente.**

# TRE
## PAGINE SPECIALI
### la radice, il tronco, il fiore*

* L'editore di questo scritto dà ai suoi autori un semplice, ma significativo orientamento: individuare tre fonti di ispirazione che possano metaforicamente rappresentare un albero che attingendo nutrimento dalla terra restituisce purificazione all'aria mediante il suo ciclo vitale.

# LA RADICE
## ADRIANO OLIVETTI

Fra coloro a cui è naturale riportare il pensiero in riferimento a questo scritto va ricordato uomo che ha rappresentato un modello e una fonte di ispirazione nel coniugare una visione imprenditoriale a valori profondamente umani: quest'uomo si chiamava Adriano Olivetti.

Olivetti aveva in mente un idea forte e importante: il lavoro di una persona deve rappresentare uno dei mezzi attraverso i quali questa persona si eleva e si auto-realizza.
Nella sua azienda dunque non si limitò solo a definire ruoli e mansioni, funzioni e stipendi, ma si impegnò fortemente per attribuire un senso al suo operato, e nel coinvolgere ciascuno a contribuire in prima persona, partecipando pienamente alla realizzazione di una visione comune.
Questa visione poneva l'essere umano al centro, nel modo più autentico e concreto, non attraverso mere dichiarazioni di intenti ma bensì mediante la piena responsabilizzazione e la massima integrazione fra le capacità, la crescita, e la formazione in un'ottica di condivisione e interazione fra  gli operatori a tutti i livelli.

"La fabbrica" diceva Adriano "non può guardare solo all'indice dei profitti. Deve distribuire ricchezza, sapere, servizi, democrazia. Io penso la fabbrica per l'uomo, non l'uomo per la fabbrica. Occorre superare le divisioni fra capitale e lavoro, fra produzione e cultura"
Frasi illuminate che presupponevano la convinzione di una possibilità di innalzamento, con il contributo di tutti, della

società, della politica, dell'impresa.

La stessa convinzione che è alla base del paradigma dello SLOW BUSINESS: la creazione di valore economico può costituire una possibilità di evoluzione positiva, a condizione che non rimanga un processo fine a se stesso, ma sia orientato a una visione per cui è possibile considerare il miglioramento generale come somma dei singoli miglioramenti individuali, e che il benessere materiale possa costituire una base su cui appoggiare l'ambizione a valori superiori.

Ovviamente la carica utopica di queste visioni è necessaria, in quanto non può esistere tensione verso alti obiettivi senza un faro che illumini la via.

L'utilità di una utopia non consiste evidentemente nella possibilità di essere raggiunta, (altrimenti Tommaso Moro che ne coniò  il termine qualche secolo fa avrebbe usato un'altra radice etimologica) ma semplicemente nel fissare una direzione a cui rivolgersi.

Oggi la città di Ivrea e gli edifici che ospitarono lo straordinario lavoro di tante persone che realizzarono il modello Olivetti sono patrimonio UNESCO dell'Umanità.

Quante e quali strade siano state percorse da quando Adriano Olivetti, ormai svariati decenni or sono, propose la sua visione per un nuovo umanesimo, ciascuno potrà valutare da sé.

Ciò che importa è che in qualsiasi momento, in qualsiasi luogo, qualsiasi persona può decidere se mantenere o rinnovare la propria direzione, tenendo conto che, come si dice in oriente, se la direzione è giusta è bene andare avanti, ma se la direzione è sbagliata è meglio sceglierne - come fece Adriano Olivetti con ineguagliata coerenza - una nuova.

# IL TRONCO
# IL SISTEMA C.R.E.A.

Il concetto di SLOW BUSINESS è attualmente alla base di un Sistema di Marketing Relazionale denominato C.R.E.A. (Costruzione Rete Espansione Affari).

Il Sistema C.R.E.A. costituisce una vera e propria Community costituita da tantissime persone accomunate da tre valori posti alla base delle regole che ne determinano l'agire: trasparenza, efficienza, condivisione.

Questa Community è per sua natura destinata a espandersi gradualmente ma irreversibilmente in quanto i vantaggi rappresentati dallo svolgere la propria attività professionale, aziendale o commerciale in un contesto caratterizzato dall'impegno di ciascuno a fornire a tutti gli altri opportunità, informazioni, referenze, contatti - con lo scopo dichiarato di ottenerne per sé - sono tali e tanti da risultare attrattivi per qualunque ambito o settore.

Sta ormai entrando nell'esperienza di sempre più persone come realizzare questa sorta di ossimoro per cui agire con altruismo egoistico, o egoismo altruistico che dir si voglia, porta nel tempo a risultati tangibili e duraturi.

Ci auguriamo che questo scritto possa rappresentare, per chi già fa parte e per chi in futuro entrerà a far parte del Sistema C.R.E.A., un riferimento nel quale potersi riconoscere, e sul quale poter fondare una possibilità di crescita e miglioramento continuo, secondo lo spirito e le pratiche che ne rappresentano i riferimenti costanti.

# IL FIORE
# L'ASSOCIAZIONE SLOW BUSINESS

Il messaggio che si vuole proporre il questo scritto avrebbe evidentemente una limitata possibilità di  ampliare le proprie ripercussioni concrete se si limitasse a rimanere racchiuso fra queste pagine, o al più nelle menti di coloro che avranno interesse per leggerle.

Ciò che invece sarà importante è divulgare questo contenuto utilizzando il mezzo in cui evidentemente crediamo di più: le persone.

Uno strumento che può rivelasi efficace per aggregare persone accomunate dalla volontà di divulgare un messaggio attraverso una azione concreta e condivisa è quello della Associazione.

Ed ecco che, mentre questo scritto andava in stampa, un gruppo di fondatori, accomunati dai medesimi intenti ma caratterizzati da storie, professioni, esperienze completamente diverse fra loro, registrava l'atto costitutivo della ASSOCIAZIONE SLOW BUSINESS con i seguenti scopi sociali:

"Realizzare e promuovere attività formative, informative e divulgative,  di orientamento e di incontro, di confronto e di scambio di valore umano ed economico, finalizzate alla affermazione di pratiche virtuose fra imprenditori e professionisti, artisti e creativi, commercianti e gestori, consulenti e formatori, tecnici e artigiani che vogliano fondare il proprio lavoro sul rapporto fra persone, e sulla costruzione di relazioni umane orientate a valori edificanti e virtuosi, i principali fra i quali: efficienza, trasparenza, condivisione, fiducia e collaborazione, merito e responsabilità, per la promozione della libera impresa, libera professione, libero commercio, libero esercizio di attività artistiche e culturali, in un'ottica di libero mercato, nel rispetto delle persone e dell'ambiente."

Questa Associazione è dunque il "fiore" che sostenendosi al tronco potrà alimentarsi dalla radice, dando la possibilità a tutte le persone che vorranno crederci di portare nuova bellezza nel lavoro e quindi nella società e nella vita, condividendo idee, proposte e progetti, con chi vorrà condividere le strade possibili per realizzare una nuova visione di "ritorno al futuro"

GRAZIE
PER
L'ATTENTA
LETTURA

# INDICE

# www.associazioneslowbusiness.it

**FACEBOOK:**
https://www.facebook.com/associazioneslowbusiness

**MAIL:**
info@associazioneslowbusiness.it